100 RECETTES DE
gâteaux magiques

hachette
CUISINE

Ce livre, c'est 100 recettes goûtées et approuvées, variées et simples à préparer avec des ingrédients faciles à trouver... la base du bon livre de cuisine ! Mais nous avons voulu vous apporter plus encore avec des astuces et des idées qui font débuter le plaisir de cuisiner dès l'ouverture du livre.

1. Fini les listes de courses griffonnées sur de petits papiers que l'on ne retrouve jamais ou qui traînent au fond du cabas. **Choisissez les recettes qui vous font envie, sortez votre smartphone et tagguez le QR code qui figure en bas de la liste des ingrédients.**
Vous y aurez accès quand bon vous semblera ! *(Nous vous conseillons d'utiliser les applications i-nigma, Qrafter ou qr scanner disponibles gratuitement sur iPhone et Android).*

2. Fini le manque d'inspiration au moment du choix de votre recette. **Les chapitres du livre ont été pensés en fonction de l'originalité du gâteau.**
100 recettes de gâteaux extraordinaires sont rassemblées dans des chapitres pensés autour de la spécificité des gâteaux qui vous étonnerons par leurs textures, leurs couleurs ou la surprise qu'ils contiennent. Faites ainsi votre choix en un clin d'œil.

- **Des gâteaux magiques** qui vous surprendront par leur préparation :
> *Rendez-vous page 8*
- **Des angel cakes** très légers et aériens :
> *Rendez-vous page 102*

- **Des gâteaux surprise** pour étonner vos invités au moment de la découpe :
> *Rendez-vous page 142*
- **Des rainbow cakes** pour une touche très colorée :
> *Rendez-vous page 174*
- **Des gâteaux décorés** à customiser pour des anniversaires :
> *Rendez-vous page 200*

SOMMAIRE

1. GÂTEAUX MAGIQUES

Gâteau magique à la vanille 8	Citron 54
Gâteau magique à la vanille fourré aux myrtilles 10	Lemon curd et rondelles de citron confit 56
Vanille et chocolat 12	Marmelade d'agrumes et sucre glace, sorbet au chocolat noir 58
Chocolat 14	Clémentines et pain d'épice 60
Chocolat et caramel au beurre salé 16	Yuzu 62
Façon brownie : chocolat et noix de pécan 18	Orange, chocolat et cannelle 64
Noix de coco et chocolat 20	Pamplemousse 66
Nutella® et noisettes 22	Mangue et chocolat blanc 68
Bananes et chocolat 24	Mangue, poudre de coco et glaçage citron vert 70
Chocolat noir et glaçage au wasabi 26	Framboise et pistache 72
Chocolat noir et pépites de fudge, sauce butterscotch 28	Nougat et coulis de framboises 74
Café et praliné 30	Biscuits roses de Reims, framboises et glaçage au chocolat blanc 76
Beurre de cacahuètes crunchy 32	Groseilles et cerises 78
Noisette et chouchous au caramel 34	Fruits rouges et chantilly à la violette 80
Gâteau magique aux Carambar® 36	Mûre et noix de coco 82
Gâteau magique aux M&m's® 38	Cerises et amandes 84
Crème de marron 40	Gâteau magique aux pralines roses 86
Crème de marron et zestes de clémentine, glaçage clémentine 42	Abricots et noisettes 88
Gâteau magique aux spéculoos 44	Abricot, amande et chantilly de lavande 90
Crème de spéculoos et glaçage au Nutella® 46	Gâteau magique aux pommes caramélisées 92
Ricoré 48	Poires et praliné 94
Chocolat blanc et pistache 50	Figues, amandes et fleur d'oranger 96
Confiture de lait et bananes 52	Mirabelles caramélisées et crème à la cannelle 98

2. ANGEL CAKES

Chocolat 102	Spéculoos 108
Chocolat et praliné 104	Caramel au beurre salé 110
Chocolat blanc et fruit de la Passion 106	Façon baba au rhum 112

Citron jaune	114
Basilic et citron vert	116
Agrumes	118
Pistache et framboises	120
Framboise	122
Rose et litchi	124
Réglisse et fruits rouges	126
Rhubarbe et fraise	128
Cerise	130
Groseille et meringue	132
Layer angel cake vanille et amandes torréfiées	134
Angel cake glacé au citron	136
Myrtille et crumble noisette	138

3. GÂTEAUX SURPRISE

Muffins au cœur caché	142
Muffins à la banane et cœur au Nutella®	144
Muffins cachés aux Oréos	146
Gâteau aux cakes pops	148
Gâteau aux cœurs cachés	150
Cake étoilé au chocolat	152
Cake de la Saint-Patrick	154
Cake aux carrés	156
Gâteau aux confettis	158
Gâteau damier	160
Gâteau zébré	162
Gâteau zébré arc en ciel	164
Gâteau au M&m's cachés	166
Dômes à la mousse au chocolat et cœur au caramel	168
Dômes au citron et cœur coulis framboise	170

4. RAINBOW CAKES

Rainbow cheesecake	174
Rainbow cake	176
Rainbow cake myrtille et mûre	178
Rainbow cake coco et chocolat blanc	180
Rainbow cake citron vert et amande	182
Rainbow cake à la rose	184
Rainbow cake framboise et chocolat	186
Rainbow cake amande et fleur d'oranger	188
Rainbow cake chocolat et praliné	190
Psychedelic rainbow cake	192
Gâteau des anges arc-en-ciel	194
Gâteau roulé multicolore	196

5. GÂTEAUX DÉCORÉS

Bouquet de cookies	200
Petits-fours rose et rouges	202
Cupcakes Smiley	204
Le cupcakes géant à la vanille	206
Château de princesse	208
La maison en pain d'épice	210
Le gâteau fantôme	214
La princesse bleue	218

1. GÂTEAUX MAGIQUES

GÂTEAUX MAGIQUES

GÂTEAU MAGIQUE À LA VANILLE

Pour 6 à 8 personnes / 15 min de préparation / 50 min à 1 h de cuisson / 3 h de repos au frais

Ingrédients
125 g de beurre
1 gousse de vanille
4 œufs
150 g de sucre semoule
115 g de farine
1 cuil. à soupe d'eau
50 cl de lait
1 pincée de sel

Matériel
Batteur électrique
Plat carré de 20 cm de côté
Papier cuisson

1. Préchauffez le four à 150 °C (th. 5). Faites fondre le beurre à feu doux dans une casserole. Réservez. Fendez la gousse de vanille en deux, prélevez les graines à l'aide d'un couteau.

2. Cassez les œufs et séparez les blancs des jaunes. Réservez les blancs dans un bol. Dans un saladier, fouettez les jaunes avec le sucre semoule à l'aide du batteur. Versez, dans cet ordre, le beurre fondu, les graines de vanille, la farine, l'eau et le lait. Mélangez bien toujours au batteur.

3. Salez et montez les blancs en neige ferme à l'aide du batteur. À l'aide d'un fouet, ajoutez les blancs en trois fois dans la préparation. Mélangez tout en cassant légèrement les blancs afin qu'il reste encore des morceaux.

4. Tapissez le fond du moule de papier cuisson puis versez la préparation. Enfournez pour 50 min à 1 h (selon votre four à chaleur tournante ou traditionnelle).

5. Laissez refroidir puis réservez au réfrigérateur au moins 3 h. Coupez en carrés puis servez.

SUGGESTION
Saupoudrez de sucre glace avant de servir.

VARIANTE
Pour une version sans gluten, utilisez du lait de soja et de la farine de riz.

GÂTEAUX MAGIQUES

GÂTEAU MAGIQUE À LA VANILLE FOURRÉ AUX MYRTILLES

Pour 6 à 8 personnes / 15 min de préparation / 50 min à 1 h de cuisson / 3 h de repos au frais

Ingrédients
125 g de beurre
4 œufs
150 g de sucre semoule
1 cuil. à café d'arôme vanille
115 g de farine
1 cuil. à soupe d'eau
50 cl de lait
100 g de myrtilles
1 pincée de sel

Matériel
Batteur électrique
Plat carré de 20 cm de côté
Papier cuisson

1. Préchauffez le four à 150 °C (th. 5). Faites fondre le beurre à feu doux dans une casserole. Réservez.

2. Cassez les œufs et séparez les blancs des jaunes. Réservez les blancs dans un bol. Dans un saladier, fouettez les jaunes avec le sucre semoule à l'aide du batteur. Versez, dans cet ordre, le beurre fondu, l'arôme vanille, la farine, l'eau et le lait. Mélangez bien toujours au batteur.

3. Salez et montez les blancs en neige ferme à l'aide du batteur. À l'aide d'un fouet, ajoutez les blancs en trois fois dans la préparation. Mélangez tout en cassant légèrement les blancs afin qu'il reste encore des morceaux.

4. Tapissez le fond du moule de papier cuisson puis versez la moitié de la préparation, parsemez de myrtilles puis recouvrez du reste de pâte. Enfournez pour 50 min à 1 h (selon votre four à chaleur tournante ou traditionnelle).

5. Laissez refroidir puis réservez au réfrigérateur au moins 3 h. Coupez en carrés puis servez.

VARIANTE
Remplacez la vanille par de l'arôme d'amande.

GÂTEAUX MAGIQUES

VANILLE ET CHOCOLAT

Pour 6 à 8 personnes / 15 min de préparation / 50 min à 1 h de cuisson / 3 h de repos au frais

Ingrédients
125 g de beurre
4 œufs
150 g de sucre semoule
115 g de farine
1 cuil. à soupe d'eau
50 cl de lait
1 cuil. à café d'arôme vanille
20 g de cacao
1 pincée de sel

Matériel
Batteur électrique
Plat carré de 20 cm de côté
Papier cuisson

1. Préchauffez le four à 150 °C (th. 5). Faites fondre le beurre à feu doux dans une casserole. Réservez.

2. Cassez les œufs et séparez les blancs des jaunes. Réservez les blancs dans un bol. Dans un saladier, fouettez les jaunes avec le sucre semoule à l'aide du batteur. Versez, dans cet ordre, le beurre fondu, la farine, l'eau et le lait. Mélangez bien toujours au batteur. Séparez la préparation en deux. Dans l'une, versez l'arôme vanille et, dans l'autre, le cacao en poudre.

3. Salez et montez les blancs en neige ferme à l'aide du batteur. Séparez les blancs montés en deux. À l'aide d'un fouet, ajoutez les blancs en trois fois dans les 2 préparations. Mélangez-les tout en cassant légèrement les blancs afin qu'il reste encore des morceaux.

4. Tapissez le fond du moule de papier cuisson puis versez les deux préparations en les alternant. Enfournez pour 50 min à 1 h (selon votre four à chaleur tournante ou traditionnelle).

5. Laissez refroidir puis réservez au réfrigérateur au moins 3 h. Coupez en carrés puis servez.

GÂTEAUX MAGIQUES

CHOCOLAT

Pour 6 à 8 personnes / 15 min de préparation / 50 min à 1 h de cuisson / 3 h de repos au frais

Ingrédients
125 g de beurre
4 œufs
150 g de sucre semoule
40 g de cacao
115 g de farine
1 cuil. à soupe d'eau
50 cl de lait
1 pincée de sel

Matériel
Batteur électrique
Plat carré de 20 cm de côté
Papier cuisson

1. Préchauffez le four à 150 °C (th. 5). Faites fondre le beurre à feu doux dans une casserole. Réservez.

2. Cassez les œufs et séparez les blancs des jaunes. Réservez les blancs dans un bol. Dans un saladier, fouettez les jaunes avec le sucre semoule à l'aide du batteur. Versez, dans cet ordre, le beurre fondu, le cacao, la farine, l'eau et le lait. Mélangez bien toujours au batteur.

3. Salez et montez les blancs en neige ferme à l'aide du batteur. À l'aide d'un fouet, ajoutez les blancs en trois fois dans la préparation. Mélangez tout en cassant légèrement les blancs afin qu'il reste encore des morceaux.

4. Tapissez le fond du moule de papier cuisson puis versez la préparation. Enfournez pour 50 min à 1 h (selon votre four à chaleur tournante ou traditionnelle).

5. Laissez refroidir puis réservez au réfrigérateur au moins 3 h. Coupez en carrés puis servez.

SUGGESTION
Ajoutez 30 g de noisettes en poudre à la préparation.

GÂTEAUX MAGIQUES

CHOCOLAT ET CARAMEL AU BEURRE SALÉ

Pour 6 à 8 personnes / 20 min de préparation / 50 min à 1 h de cuisson / 3 h de repos au frais

Ingrédients
125 g de beurre
4 œufs
150 g de sucre semoule
115 g de farine
1 cuil. à soupe d'eau
50 cl de lait
2 cuil. à soupe de caramel au beurre salé
20 g de cacao en poudre
1 pincée de sel

Pour le caramel au beurre salé
100 g de sucre semoule
10 cl de crème liquide
30 g de beurre salé
1 pincée de sel

Matériel
Batteur électrique
Plat carré de 20 cm de côté
Papier cuisson

1. Préparez le caramel au beurre salé : faites chauffer à sec le sucre. Dans une casserole, faites bouillir la crème. Dès que le sucre brunit, versez la crème, le beurre et le sel. Mélangez puis portez à ébullition. Laissez refroidir.

2. Préparez le gâteau magique. Préchauffez le four à 150 °C (th. 5) ; faites fondre le beurre à feu doux dans une casserole. Cassez les œufs et séparez les blancs des jaunes. Réservez les blancs dans un bol. Dans un saladier, fouettez les jaunes avec le sucre semoule à l'aide du batteur. Versez, dans cet ordre, le beurre fondu, la farine, l'eau et le lait. Mélangez bien toujours au batteur puis divisez la préparation en deux. Dans l'une, versez le caramel, dans l'autre le cacao en poudre.

3. Salez et montez les blancs en neige ferme à l'aide du batteur. À l'aide d'un fouet, ajoutez les blancs en trois fois dans les 2 préparations. Mélangez chacune tout en cassant légèrement les blancs afin qu'il reste encore des morceaux.

4. Tapissez le fond du moule de papier cuisson puis versez les préparations en les alternant. Enfournez pour 50 min à 1 h (selon votre four à chaleur tournante ou traditionnelle). Laissez refroidir puis réservez au réfrigérateur au moins 3 h. Coupez en carrés puis servez. Vous pouvez ajouter un peu de caramel sur chaque part avant de servir.

GÂTEAUX MAGIQUES

FAÇON BROWNIE : CHOCOLAT ET NOIX DE PÉCAN

Pour 6 à 8 personnes / 15 min de préparation / 50 min à 1 h de cuisson / 3 h de repos au frais

Ingrédients
125 g de beurre
4 œufs
150 g de sucre semoule
40 g de cacao en poudre
115 g de farine
1 cuil. à soupe d'eau
50 cl de lait
80 g de noix de pécan
1 pincée de sel

Matériel
Batteur électrique
Plat carré de 20 cm de côté
Papier cuisson

1. Préchauffez le four à 150 °C (th. 5). Faites fondre le beurre à feu doux dans une casserole. Réservez.

2. Cassez les œufs et séparez les blancs des jaunes. Réservez les blancs dans un bol. Dans un saladier, fouettez les jaunes avec le sucre semoule à l'aide du batteur. Versez, dans cet ordre, le beurre fondu, le cacao, la farine, l'eau et le lait. Mélangez bien toujours au batteur.

3. Salez et montez les blancs en neige ferme à l'aide du batteur. À l'aide d'un fouet, ajoutez les blancs en trois fois dans la préparation. Mélangez tout en cassant légèrement les blancs afin qu'il reste encore des morceaux.

4. Tapissez le fond du moule de papier cuisson puis versez la moitié de la préparation. Parsemez de noix de pécan puis recouvrez du reste de la préparation au chocolat. Enfournez pour 50 min à 1 h (selon votre four à chaleur tournante ou traditionnelle).

5. Laissez refroidir puis réservez au réfrigérateur au moins 3 h. Coupez en carrés puis servez.

SUGGESTION
Servez ce gâteau magique avec de la sauce caramel au lait.

VARIANTE
Remplacez les noix de pécan par des noix de macadamia.

GÂTEAUX MAGIQUES

NOIX DE COCO ET CHOCOLAT

Pour 6 à 8 personnes / 15 min de préparation / 50 min à 1 h de cuisson / 3 h de repos au frais

Ingrédients
125 g de beurre
4 œufs
150 g de sucre semoule
40 g de cacao en poudre
50 g de noix de coco râpée
115 g de farine
50 cl de lait
1 cuil. à soupe d'eau
1 pincée de sel

Matériel
Batteur électrique
Plat carré de 20 cm de côté
Papier cuisson

1. Préchauffez le four à 150 °C (th. 5). Faites fondre le beurre à feu doux dans une casserole. Réservez.

2. Cassez les œufs et séparez les blancs des jaunes. Réservez les blancs dans un bol. Dans un saladier, fouettez les jaunes avec le sucre semoule à l'aide du batteur. Versez, dans cet ordre, le beurre fondu, le cacao, la noix de coco râpée, la farine, l'eau et le lait. Mélangez bien toujours au batteur.

3. Salez et montez les blancs en neige ferme à l'aide du batteur. À l'aide d'un fouet, ajoutez les blancs en trois fois dans la préparation. Mélangez tout en cassant légèrement les blancs afin qu'il reste encore des morceaux.

4. Tapissez le fond du moule de papier cuisson puis versez la préparation. Enfournez pour 50 min à 1 h (selon votre four à chaleur tournante ou traditionnelle).

5. Laissez refroidir puis réservez au réfrigérateur au moins 3 h. Coupez en carrés puis servez.

VARIANTE
Remplacez le cacao en poudre par 150 g de chocolat blanc fondu.

GÂTEAUX MAGIQUES

NUTELLA® ET NOISETTES

Pour 6 à 8 personnes / 15 min de préparation / 50 min à 1 h de cuisson / 3 h de repos au frais

Ingrédients
125 g de beurre
4 œufs
100 g de sucre semoule
4 cuil. à soupe de Nutella®
115 g de farine
1 cuil. à soupe d'eau
50 cl de lait
40 g de noisettes entières
1 pincée de sel

Matériel
Batteur électrique
Plat carré de 20 cm de côté
Papier cuisson

1. Préchauffez le four à 150 °C (th. 5). Faites fondre le beurre à feu doux dans une casserole. Réservez.

2. Cassez les œufs et séparez les blancs des jaunes. Réservez les blancs dans un bol. Dans un saladier, fouettez les jaunes avec le sucre semoule à l'aide du batteur. Versez, dans cet ordre, le beurre fondu, le Nutella®, la farine, l'eau et le lait. Mélangez bien toujours au batteur.

3. Salez et montez les blancs en neige ferme à l'aide du batteur. À l'aide d'un fouet, ajoutez les blancs en trois fois dans la préparation. Mélangez tout en cassant légèrement les blancs afin qu'il reste encore des morceaux.

4. Tapissez le fond du moule de papier cuisson, parsemez-le de noisettes puis versez la préparation. Enfournez pour 50 min à 1 h (selon votre four à chaleur tournante ou traditionnelle).

5. Laissez refroidir puis réservez au réfrigérateur au moins 3 h. Coupez en carrés puis

SUGGESTION

Pour un goût plus prononcé, torréfiez les noisettes en les passant au four à 180 °C (th. 6) pendant 15 min.

GÂTEAUX MAGIQUES

BANANES ET CHOCOLAT

Pour 6 à 8 personnes / 15 min de préparation / 50 min à 1 h de cuisson / 3 h de repos au frais

Ingrédients
125 g de beurre
2 bananes mûres
4 œufs
150 g de sucre semoule
40 g de cacao en poudre
115 g de farine
1 cuil. à soupe d'eau
50 cl de lait
1 pincée de sel

Matériel
Batteur électrique
Plat carré de 20 cm de côté
Papier cuisson

1. Préchauffez le four à 150 °C (th. 5). Faites fondre le beurre à feu doux dans une casserole. Réservez. Coupez les bananes puis écrasez-les à l'aide d'une fourchette et réservez.

2. Cassez les œufs et séparez les blancs des jaunes. Réservez les blancs dans un bol. Dans un saladier, fouettez les jaunes avec le sucre semoule à l'aide du batteur. Versez, dans cet ordre, le beurre fondu, la purée de bananes, le cacao, la farine, l'eau et le lait. Mélangez bien toujours au batteur. Salez et montez les blancs en neige ferme à l'aide du batteur. À l'aide d'un fouet, ajoutez les blancs en trois fois dans la préparation. Mélangez tout en cassant légèrement les blancs afin qu'il reste encore des morceaux.

3. Tapissez le fond du moule de papier cuisson puis versez la préparation. Enfournez pour 50 min à 1 h (selon votre four à chaleur tournante ou traditionnelle).

4. Laissez refroidir puis réservez au réfrigérateur au moins 3 h. Coupez en carrés puis servez.

VARIANTE

Remplacez le cacao par 1 cuil. à café de cannelle en poudre afin de réaliser un gâteau magique banane-cannelle.

GÂTEAUX MAGIQUES

CHOCOLAT NOIR ET GLAÇAGE AU WASABI

Pour 6 personnes / 20 min de préparation / 20-22 min de cuisson / 3-4 h de repos

Ingrédients
2 œufs
65 g de beurre doux + 1 cuil.
à café pour le moule
70 g de sucre en poudre
25 cl lait entier
150 g de chocolat noir
55 g de farine
1 pincée de sel

Pour le glaçage au wasabi
200 g de mascarpone
1 pincée de wasabi
en poudre

Matériel
Moule en silicone
à 6 empreintes en forme
de fleur
Poche à douille
Batteur électrique

1. Préchauffez le four à 150 °C (th. 5). Séparez les blancs des jaunes d'œufs. Faites fondre le beurre à feu doux dans une petite casserole. Versez le sucre dans le saladier contenant les jaunes d'œufs et battez jusqu'à obtention d'une crème blanche et mousseuse.

2. Versez le lait dans une casserole et ajoutez-y le chocolat préalablement cassé en morceaux. Faites chauffer à feu doux en remuant afin que le chocolat fonde. Réservez.

3. Versez le beurre fondu dans le mélange à base de jaunes d'œufs, puis incorporez la farine en deux fois et le sel. Battez bien de sorte que la pâte soit homogène. Ajoutez progressivement le lait chocolaté à la pâte. Montez les blancs d'œufs en neige à l'aide d'un batteur électrique, puis incorporez-les à la pâte en deux fois, en les cassant grossièrement.

4. Beurrez le moule au pinceau et versez-y la pâte. Lissez la surface, puis enfournez pour 20 à 22 min de cuisson. Laissez les gâteaux refroidir avant de les placer au frais 3 ou 4 h.

5. Préparez le glaçage. Fouettez légèrement le mascarpone dans un bol afin de l'assouplir, puis ajoutez-y la poudre de wasabi. Ajustez la quantité de celle-ci selon vos goûts. Transvasez le tout dans une poche à douille et garnissez la surface des gâteaux. Vous pouvez également utiliser une cuillère à café. Amusez-vous à ne glacer que les pétales ou le cœur des gâteaux.

GÂTEAUX MAGIQUES

CHOCOLAT NOIR ET PÉPITES DE FUDGE, SAUCE BUTTERSCOTCH

Pour 6 personnes / 20 min de préparation / 22-24 min de cuisson / 3-4 h de repos

Ingrédients
- 2 œufs
- 65 g + 1 cuil. à café de beurre doux
- 70 g de sucre en poudre
- 25 cl de lait entier
- 150 g de chocolat noir
- 55 g de farine
- 1 pincée de sel
- 150 g de pépites de fudge

Pour la sauce butterscotch
- 125 g de beurre doux
- 100 g de sucre roux
- 2 cuil. à soupe de mélasse raffinée (en épicerie fine ou bio)
- 12,5 cl de crème fraîche épaisse
- 1 cuil. à café d'extrait naturel de vanille

Matériel
- Moule en silicone à 6 empreintes en forme de cube
- Batteur électrique

1. Préchauffez le four à 150 °C (th. 5). Séparez les blancs des jaunes d'œufs. Faites fondre le beurre à feu doux dans une petite casserole. Versez le sucre dans le saladier contenant les jaunes d'œufs et battez jusqu'à obtention d'une crème blanche et mousseuse.

2. Versez le lait dans une casserole et ajoutez-y le chocolat préalablement cassé en morceaux. Faites chauffer à feu doux en remuant afin que le chocolat fonde. Réservez.

3. Versez le beurre fondu dans le mélange à base de jaunes d'œufs, puis incorporez la farine en deux fois et le sel. Battez bien de sorte que la pâte soit homogène. Ajoutez progressivement le lait chocolaté à la pâte. Montez les blancs d'œufs en neige à l'aide d'un batteur électrique, puis incorporez-les à la pâte en deux fois, en les cassant grossièrement.

4. Beurrez le moule au pinceau et versez-y la pâte. Répartissez les pépites de fudge par-dessus et lissez la surface. Enfournez pour 22 à 24 min de cuisson. Laissez les gâteaux refroidir avant de les placer au frais 3 ou 4 h.

5. Préparez la sauce. Faites fondre le beurre avec le sucre dans une casserole à feu doux. Portez quelques minutes à ébullition, puis incorporez la mélasse et la crème en remuant bien. Laissez cuire de 8 à 10 min, puis ôtez du feu et ajoutez l'extrait de vanille. Servez la sauce tiède ou froide en accompagnement des gâteaux.

GÂTEAUX MAGIQUES

CAFÉ ET PRALINÉ

Pour 6 à 8 personnes / 15 min de préparation / 50 min à 1 h de cuisson / 3 h de repos au frais

Ingrédients
125 g de beurre
4 œufs
150 g de sucre semoule
1 cuil. à soupe de café lyophilisé
1 cuil. à soupe de pralin en poudre
115 g de farine
1 cuil. à soupe d'eau
50 cl de lait
1 pincée de sel

Matériel
Batteur électrique
Plat carré de 20 cm de côté
Papier cuisson

1. Préchauffez le four à 150 °C (th. 5). Faites fondre le beurre à feu doux dans une casserole. Réservez.

2. Cassez les œufs et séparez les blancs des jaunes. Réservez les blancs dans un bol. Dans un saladier, fouettez les jaunes avec le sucre semoule à l'aide du batteur. Versez, dans cet ordre, le beurre fondu, le café, le pralin, la farine, l'eau et le lait. Mélangez bien toujours au batteur.

3. Salez et montez les blancs en neige ferme à l'aide du batteur. À l'aide d'un fouet, ajoutez les blancs en trois fois dans la préparation. Mélangez tout en cassant légèrement les blancs afin qu'il reste encore des morceaux.

4. Tapissez le fond du moule de papier cuisson puis versez la préparation. Enfournez pour 50 min à 1 h (selon votre four à chaleur tournante ou traditionnelle).

5. Laissez refroidir puis réservez au réfrigérateur au moins 3 h. Coupez en carrés puis servez.

GÂTEAUX MAGIQUES

BEURRE DE CACAHUÈTES CRUNCHY

Pour 6 à 8 personnes / 15 min de préparation / 50 min à 1 h de cuisson / 3 h de repos au frais

Ingrédients
80 g de beurre
4 œufs
150 g de sucre semoule
4 cuil. à soupe de beurre de cacahuètes
(voir ci-dessous)
115 g de farine
1 cuil. à soupe d'eau
50 cl de lait
1 poignée de cacahuètes non salées
1 pincée de sel

Pour le beurre de cacahuètes maison
300 g de cacahuètes non salées

Matériel
Mixeur, batteur électrique
Plat carré de 20 cm de côté
Papier cuisson

1. Préparez le beurre de cacahuètes maison : versez les cacahuètes dans le bol du mixeur puis actionnez sur la première vitesse. Accélérez au fur et à mesure en arrêtant de temps en temps pour bien racler le fond avec une cuillère. En 5 min, on passe d'une poudre de cacahuètes à une pâte épaisse puis à une « boule de pâte » qui devient par magie un beurre de cacahuètes. Continuez de mixer jusqu'à obtenir une consistance lisse et homogène. Réservez le beurre de cacahuètes dans un pot à température ambiante.

2. Préparez le gâteau magique : préchauffez le four à 150 °C (th. 5) ; faites fondre le beurre à feu doux dans une casserole. Réservez.

3. Cassez les œufs et séparez les blancs des jaunes. Réservez les blancs dans un bol. Dans un saladier, fouettez les jaunes avec le sucre semoule à l'aide du batteur. Versez, dans cet ordre, le beurre fondu, le beurre de cacahuètes, la farine, l'eau et le lait. Mélangez bien toujours au batteur.

4. Salez et montez les blancs en neige ferme à l'aide du batteur. À l'aide d'un fouet, ajoutez les blancs en trois fois dans la préparation. Mélangez tout en cassant légèrement les blancs afin qu'il reste encore des morceaux.

5. Tapissez le fond du moule de papier cuisson puis versez la préparation. Parsemez le dessus de cacahuètes. Enfournez pour 50 min à 1 h (selon votre four à chaleur tournante ou traditionnelle).

6. Laissez refroidir puis réservez au réfrigérateur au moins 3 h. Coupez en carrés puis servez.

GÂTEAUX MAGIQUES

NOISETTE ET CHOUCHOUS AU CARAMEL

Pour 6 personnes / 20 min de préparation / 22-24 min de cuisson / 3-4 h de repos

Ingrédients

2 œufs
65 g + 1 cuil. à café de beurre doux
70 g de sucre en poudre
25 cl de lait entier
3 cuil. à soupe de crème ou purée de noisettes (en magasin bio)
55 g de farine
1 pincée de sel

Pour les chouchous

80 g de noisettes émondées
80 g d'amandes émondées
1 verre d'eau
1 verre de sucre en poudre
4 sachets de sucre vanillé

Matériel

Moule à cakes en silicone à 6 empreintes
Batteur électrique

1. Préchauffez le four à 150 °C (th. 5). Séparez les blancs des jaunes d'œufs. Faites fondre le beurre à feu doux dans une petite casserole. Versez le sucre dans le saladier contenant les jaunes d'œufs et battez jusqu'à obtention d'une crème blanche et mousseuse. Faites tiédir le lait dans une casserole à feu doux et réservez.

2. Versez le beurre fondu dans le mélange à base de jaunes d'œufs. Incorporez la crème de noisettes, puis la farine en deux fois et le sel. Battez bien de sorte que la pâte soit homogène. Ajoutez progressivement le lait dans la pâte. Montez les blancs d'œufs en neige à l'aide d'un batteur électrique, puis incorporez-les à la pâte en deux fois, en les cassant grossièrement.

3. Beurrez le moule au pinceau et versez-y la pâte. Lissez-en la surface, puis enfournez pour 22 à 24 min de cuisson. Laissez les gâteaux refroidir avant de les placer au frais 3 ou 4 h.

4. Préparez les chouchous. Faites chauffer les noisettes et les amandes dans une grande poêle avec l'eau et le sucre en poudre. Laissez cuire environ 30 min. L'eau va s'évaporer et le sucre cristalliser. Ajoutez alors le sucre vanillé et laissez cuire encore 20 min en remuant sans cesse afin de bien caraméliser les amandes et les noisettes. Laissez un peu refroidir avant de décorer les gâteaux de chouchous.

GÂTEAUX MAGIQUES

GÂTEAU MAGIQUE AUX CARAMBAR®

Pour 6 à 8 personnes / 15 min de préparation / 50 min à 1 h de cuisson / 3 h de repos au frais

Ingrédients
18 Carambar®
50 cl de lait
125 g de beurre
4 œufs
80 g de sucre semoule
115 g de farine
1 cuil. à soupe d'eau
1 pincée de sel

Matériel
Batteur électrique
Plat carré de 20 cm de côté
Papier cuisson

1. Préchauffez le four à 150 °C (th. 5). Faites fondre les Carambar® dans le lait à feu doux. Faites fondre le beurre à feu doux. Réservez.

2. Cassez les œufs et séparez les blancs des jaunes. Réservez les blancs dans un bol. Dans un saladier, fouettez les jaunes avec le sucre semoule à l'aide du batteur. Versez, dans cet ordre, le beurre fondu, la farine, l'eau et le lait aux Carambar®. Mélangez bien toujours au batteur.

3. Salez et montez les blancs en neige ferme à l'aide du batteur. À l'aide d'un fouet, ajoutez les blancs en trois fois dans la préparation. Mélangez tout en cassant légèrement les blancs afin qu'il reste encore des morceaux.

4. Tapissez le fond du moule de papier cuisson puis versez la préparation. Enfournez pour 50 min à 1 h (selon votre four à chaleur tournante ou traditionnelle).

5. Laissez refroidir puis réservez au réfrigérateur au moins 3 h. Coupez en carrés puis servez.

SUGGESTION

Préparez une sauce aux Carambar® en faisant fondre 8 bonbons dans 4 cuil. à soupe de lait.

GÂTEAUX MAGIQUES

GÂTEAU MAGIQUE AUX M&M'S®

Pour 6 à 8 personnes / 15 min de préparation / 50 min à 1 h de cuisson / 3 h de repos au frais

Ingrédients
125 g de beurre
4 œufs
100 g de sucre semoule
1 cuil. à café d'arôme vanille
115 g de farine
1 cuil. à soupe d'eau
50 cl de lait
80 g de M&M's®
1 pincée de sel

Matériel
Batteur électrique
Plat carré de 20 cm de côté
Papier cuisson

1. Préchauffez le four à 150 °C (th. 5). Faites fondre le beurre à feu doux dans une casserole. Réservez.

2. Cassez les œufs et séparez les blancs des jaunes. Réservez les blancs dans un bol. Dans un saladier, fouettez les jaunes avec le sucre semoule à l'aide du batteur. Versez, dans cet ordre, le beurre fondu, la vanille, la farine, l'eau et le lait. Mélangez bien toujours au batteur.

3. Salez et montez les blancs en neige ferme à l'aide du batteur. À l'aide d'un fouet, ajoutez les blancs en trois fois dans la préparation. Mélangez tout en cassant légèrement les blancs afin qu'il reste encore des morceaux.

4. Tapissez le fond du moule de papier cuisson, parsemez-le de M&M's® puis versez la préparation. Enfournez pour 50 min à 1 h (selon votre four à chaleur tournante ou traditionnelle).

5. Laissez refroidir puis réservez au réfrigérateur au moins 3 h. Coupez en carrés puis servez.

GÂTEAUX MAGIQUES

CRÈME DE MARRON

Pour 6 à 8 personnes / 15 min de préparation / 50 min à 1 h de cuisson / 3 h de repos au frais

Ingrédients
125 g de beurre
4 œufs
100 g de sucre semoule
4 cuil. à soupe de crème de marron
115 g de farine
1 cuil. à soupe d'eau
50 cl de lait
1 pincée de sel

Matériel
Batteur électrique
Plat carré de 20 cm de côté
Papier cuisson

1. Préchauffez le four à 150 °C (th. 5). Faites fondre le beurre à feu doux dans une casserole. Réservez.

2. Cassez les œufs et séparez les blancs des jaunes. Réservez les blancs dans un bol. Dans un saladier, fouettez les jaunes avec le sucre semoule à l'aide du batteur. Versez, dans cet ordre, le beurre fondu, la crème de marron, la farine, l'eau et le lait. Mélangez bien toujours au batteur.

3. Salez et montez les blancs en neige ferme à l'aide du batteur. À l'aide d'un fouet, ajoutez les blancs en trois fois dans la préparation. Mélangez tout en cassant légèrement les blancs afin qu'il reste encore des morceaux.

4. Tapissez le fond du moule de papier cuisson puis versez la préparation. Enfournez pour 50 min à 1 h (selon votre four à chaleur tournante ou traditionnelle).

5. Laissez refroidir puis réservez au réfrigérateur au moins 3 h. Coupez en carrés puis servez.

SUGGESTION
Ajoutez quelques brisures de marrons glacés au fond du moule avant de verser la préparation.

GÂTEAUX MAGIQUES

CRÈME DE MARRON ET ZESTES DE CLÉMENTINE, GLAÇAGE CLÉMENTINE

Pour 6 personnes / 20 min de préparation / 22-24 min de cuisson / 3-4 h de repos

Ingrédients

2 œufs
65 g + 1 cuil. à café de beurre doux
70 g de sucre en poudre
25 cl de lait entier
1 cuil. à soupe de zestes râpés de clémentine
3 cuil. à soupe de crème de marron
55 g de farine
1 pincée de sel

Pour le glaçage à la clémentine

5 cuil. à soupe de jus de clémentine
Sucre glace

Matériel

Moule en silicone à 6 empreintes en forme maison et sapin de Noël
Batteur électrique

1. Préchauffez le four à 150 °C (th. 5). Séparez les blancs des jaunes d'œufs. Faites fondre le beurre à feu doux dans une petite casserole. Versez le sucre dans le saladier contenant les jaunes d'œufs et battez jusqu'à obtention d'une crème blanche et mousseuse. Faites tiédir le lait avec les zestes de clémentine dans une casserole à feu doux et réservez.

2. Versez le beurre fondu dans le mélange à base de jaunes d'œufs. Incorporez la crème de marron, puis la farine en deux fois et le sel. Battez bien de sorte que la pâte soit homogène. Ajoutez progressivement le lait préalablement filtré dans la pâte. Montez les blancs d'œufs en neige à l'aide d'un batteur électrique, puis incorporez-les à la pâte en deux fois, en les cassant grossièrement.

3. Beurrez le moule au pinceau et versez-y la pâte. Lissez-en la surface, puis enfournez pour 22 à 24 min de cuisson. Laissez les gâteaux refroidir avant de les placer au frais 3 ou 4 h.

4. Préparez le glaçage. Versez le jus de clémentine dans un bol et ajoutez du sucre glace en mélangeant jusqu'à obtention d'une texture de crème épaisse. Déposez un peu de glaçage sur les gâteaux.

VARIANTE

Remplacez la farine de blé par de la farine de châtaigne.

GÂTEAUX MAGIQUES

GÂTEAU MAGIQUE AUX SPÉCULOOS

Pour 6 à 8 personnes / 15 min de préparation / 50 min à 1 h de cuisson / 3 h de repos au frais

Ingrédients
100 g de spéculoos
125 g de beurre
4 œufs
150 g de sucre semoule
115 g de farine
1 cuil. à soupe d'eau
50 cl de lait
1 pincée de sel

Matériel
Mixeur
Batteur électrique
Plat carré de 20 cm de côté
Papier cuisson

1. Préchauffez le four à 150 °C (th. 5). Mixez les spéculoos jusqu'à obtenir une poudre fine. Faites fondre le beurre à feu doux dans une casserole. Réservez.

2. Cassez les œufs et séparez les blancs des jaunes. Réservez les blancs dans un bol. Dans un saladier, fouettez les jaunes avec le sucre semoule à l'aide du batteur. Versez, dans cet ordre, le beurre fondu, la poudre de spéculoos, la farine, l'eau et le lait. Mélangez bien toujours au batteur.

3. Salez et montez les blancs en neige ferme à l'aide du batteur. À l'aide d'un fouet, ajoutez les blancs en trois fois dans la préparation. Mélangez tout en cassant légèrement les blancs afin qu'il reste encore des morceaux.

4. Tapissez le fond du moule de papier cuisson puis versez la préparation. Enfournez pour 50 min à 1 h (selon votre four à chaleur tournante ou traditionnelle).

5. Laissez refroidir puis réservez au réfrigérateur au moins 3 h. Coupez en carrés puis servez.

SUGGESTION

Ajoutez 2 pommes coupées en dés au fond du moule avant de verser la préparation aux spéculoos.

GÂTEAUX MAGIQUES

CRÈME DE SPÉCULOOS ET GLAÇAGE AU NUTELLA®

Pour 6 personnes / 20 min de préparation / 22-24 min de cuisson / 3-4 h de repos

Ingrédients
2 œufs
65 g + 1 cuil. à café de beurre doux
70 g de sucre en poudre
25 cl de lait entier
3 cuil. à soupe de crème de spéculoos
55 g de farine
1 pincée de sel

Pour le glaçage au Nutella®
3 cuil. à soupe d'eau
12 cuil. à soupe de sucre glace
6 cuil. à soupe de Nutella®

Matériel
Moule à muffins en silicone à 6 empreintes
Batteur électrique

1. Préchauffez le four à 150 °C (th. 5). Séparez les blancs des jaunes d'œufs. Faites fondre le beurre à feu doux dans une petite casserole. Versez le sucre dans le saladier contenant les jaunes d'œufs et battez jusqu'à obtention d'une crème blanche et mousseuse. Faites tiédir le lait dans une casserole à feu doux et réservez.

2. Versez le beurre fondu dans le mélange à base de jaunes d'œufs. Incorporez la crème de spéculoos, puis la farine en deux fois et le sel. Battez bien de sorte que la pâte soit homogène. Ajoutez progressivement le lait dans la pâte. Montez les blancs d'œufs en neige à l'aide d'un batteur électrique, puis incorporez-les à la pâte en deux fois, en les cassant grossièrement.

3. Beurrez les moules au pinceau et versez-y la pâte. Lissez-en la surface, puis enfournez pour 22 à 24 min de cuisson. Laissez les gâteaux refroidir avant de les placer au frais 3 ou 4 h.

4. Préparez le glaçage. Mélangez l'eau et le sucre glace à la cuillère dans un petit saladier, puis incorporez le Nutella®. La consistance du glaçage est assez épaisse. Réalisez des quenelles de glaçage et déposez-les sur les gâteaux avant de servir.

GÂTEAUX MAGIQUES

RICORÉ

Pour 6 personnes / 20 min de préparation / 20-22 min de cuisson / 3-4 h de repos

Ingrédients
2 œufs
65 g + 1 cuil. à café de beurre doux
70 g de sucre en poudre
25 cl de lait entier
4 cuil. à soupe de Ricoré
55 g de farine
1 pincée de sel
Cacao amer en poudre (Van Houten)
Cannelle en poudre

Matériel
Moule en silicone à 6 empreintes en forme de cannelé
Batteur électrique

1. Préchauffez le four à 150 °C (th. 5). Séparez les blancs des jaunes d'œufs. Faites fondre le beurre à feu doux dans une petite casserole. Versez le sucre dans le saladier contenant les jaunes d'œufs et battez jusqu'à obtention d'une crème blanche et mousseuse. Faites tiédir le lait dans une casserole à feu doux et réservez.

2. Versez le beurre fondu dans le mélange à base de jaunes d'œufs. Incorporez le Ricoré, puis la farine en deux fois et le sel. Battez bien de sorte que la pâte soit homogène. Ajoutez progressivement le lait dans la pâte. Montez les blancs d'œufs en neige à l'aide d'un batteur électrique, puis incorporez-les à la pâte en deux fois, en les cassant grossièrement.

3. Beurrez le moule au pinceau et versez-y la pâte. Lissez-en la surface, puis enfournez pour 20 à 22 min de cuisson. Laissez les gâteaux refroidir avant de les placer au frais 3 ou 4 h.

4. Avant de servir les gâteaux, saupoudrez-les éventuellement de cacao amer en poudre préalablement mélangé à une pincée de cannelle en poudre.

VARIANTE

Remplacez le Ricoré par du café soluble en poudre et ajoutez 1 cuil. à café de cardamome en poudre. Pour un gâteau corsé, utilisez de l'extrait de café.

GÂTEAUX MAGIQUES

CHOCOLAT BLANC ET PISTACHE

Pour 6 à 8 personnes / 15 min de préparation / 50 min à 1 h de cuisson / 3 h de repos au frais

Ingrédients
100 g de pistaches non salées
125 g de beurre
150 g de chocolat blanc
4 œufs
150 g de sucre semoule
115 g de farine
1 cuil. à soupe d'eau
50 cl de lait
1 pincée de sel

Matériel
Batteur électrique
Plat carré de 20 cm de côté
Papier cuisson

1. Préchauffez le four à 150 °C (th. 5). Répartissez les pistaches sur une plaque de cuisson puis enfournez 10 min. Faites fondre le beurre et le chocolat blanc à feu doux dans une casserole. Réservez.

2. Cassez les œufs et séparez les blancs des jaunes. Réservez les blancs dans un bol. Dans un saladier, fouettez les jaunes avec le sucre semoule à l'aide du batteur. Versez, dans cet ordre, le mélange chocolat blanc et beurre fondu, la farine, l'eau et le lait. Mélangez bien toujours au batteur.

3. Salez et montez les blancs en neige ferme à l'aide du batteur. À l'aide d'un fouet, ajoutez les blancs en trois fois dans la préparation. Mélangez tout en cassant légèrement les blancs afin qu'il reste encore des morceaux.

4. Tapissez le fond du moule de papier cuisson, parsemez de la moitié des pistaches puis versez la préparation au chocolat blanc. Répartissez le reste des pistaches sur le dessus du gâteau puis enfournez pour 50 min à 1 h (selon votre four à chaleur tournante ou traditionnelle).

5. Laissez refroidir puis réservez au réfrigérateur au moins 3 h. Coupez en carrés puis servez.

SUGGESTION
Ajoutez des noisettes concassées à la préparation.

GÂTEAUX MAGIQUES

CONFITURE DE LAIT ET BANANES

Pour 6 à 8 personnes / 15 min de préparation (pour le gâteau) + 2 h 15 environ pour la confiture de lait / 50 min à 1 h de cuisson / 3 h de repos au frais

Ingrédients
2 bananes
125 g de beurre
4 œufs
80 g de sucre semoule
4 cuil. à soupe de confiture de lait (voir ci-dessous)
115 g de farine
1 cuil. à soupe d'eau
50 cl de lait
1 pincée de sel

Pour la confiture de lait
1 gousse de vanille
1 l de lait entier
350 g de sucre semoule
½ cuil. à café de bicarbonate de soude (afin d'éviter au lait de cailler)

Matériel
Batteur électrique
Plat carré de 20 cm de côté
Papier cuisson

1. Préparez la confiture de lait : fendez la gousse de vanille en deux et prélevez les graines ; faites bouillir le lait avec le sucre, les graines de vanille et le bicarbonate de soude. Laissez à feu vif et remuez constamment pendant 10 min. Poursuivez ensuite la cuisson à feu doux pendant 2 heures, en remuant de temps en temps. La préparation est à point lorsque le mélange est devenu couleur ambre et lorsqu'il a une consistance de confiture.

2. Préparez le gâteau magique : préchauffez le four à 150 °C (th. 5). Coupez les bananes en rondelles. Faites fondre le beurre à feu doux dans une casserole. Réservez.

3. Cassez les œufs et séparez les blancs des jaunes. Réservez les blancs dans un bol. Dans un saladier, fouettez les jaunes avec le sucre semoule à l'aide du batteur. Versez, dans cet ordre, le beurre fondu, la confiture de lait, la farine, l'eau et le lait. Mélangez bien toujours au batteur.

4. Salez et montez les blancs en neige ferme à l'aide du batteur. À l'aide d'un fouet, ajoutez les blancs en trois fois dans la préparation. Mélangez tout en cassant légèrement les blancs afin qu'il reste encore des morceaux.

5. Tapissez le fond du moule de papier cuisson, répartissez les rondelles de bananes puis versez la préparation. Enfournez pour 50 min à 1 h (selon votre four à chaleur tournante ou traditionnelle).

6. Laissez refroidir puis réservez au réfrigérateur au moins 3 h. Coupez en carrés puis servez.

GÂTEAUX MAGIQUES

CITRON

Pour 6 à 8 personnes / 15 min de préparation / 50 min à 1 h de cuisson / 3 h de repos au frais

Ingrédients
1 citron
125 g de beurre
4 œufs
150 g de sucre semoule
115 g de farine
50 cl de lait
1 pincée de sel

Matériel
Batteur électrique
Plat carré de 20 cm de côté
Papier cuisson

1. Préchauffez le four à 150 °C (th. 5). Lavez et zestez le citron. Prélevez le jus de la moitié du citron. Réservez. Faites fondre le beurre à feu doux dans une casserole. Réservez.

2. Cassez les œufs et séparez les blancs des jaunes. Réservez les blancs dans un bol. Dans un saladier, fouettez les jaunes avec le sucre semoule à l'aide du batteur. Versez, dans cet ordre, le beurre fondu, les zestes et le jus de citron, la farine et le lait. Mélangez bien toujours au batteur.

3. Salez et montez les blancs en neige ferme à l'aide du batteur. À l'aide d'un fouet, ajoutez les blancs en trois fois dans la préparation. Mélangez tout en cassant légèrement les blancs afin qu'il reste encore des morceaux.

4. Tapissez le fond du moule de papier cuisson puis versez la préparation. Enfournez pour 50 min à 1 h (selon votre four à chaleur tournante ou traditionnelle).

5. Laissez refroidir puis réservez au réfrigérateur au moins 3 h. Coupez en carrés puis servez.

GÂTEAUX MAGIQUES

LEMON CURD ET RONDELLES DE CITRON CONFITES

Pour 6 personnes / 20 min de préparation / 22-24 min de cuisson / 3-4 h de repos

Ingrédients

2 œufs
65 g + 1 cuil. à café de beurre doux
70 g de sucre en poudre
25 g de lait entier
3 cuil. à soupe de lemon curd
55 g de farine
1 pincée de sel

Pour le lemon curd

3 œufs
150 g de sucre en poudre
Le jus de 2 citrons
1 cuil. à soupe de Maïzena
30 g de beurre doux

Pour les rondelles de citron confites

1 citron
50 cl d'eau
50 g de sucre en poudre

Matériel

Moule à cakes en silicone à 6 empreintes
Batteur électrique

1. Préparez le lemon curd. Dans un saladier, battez au fouet les œufs avec le sucre. Ajoutez les jus de citron et la Maïzena, toujours en fouettant. Versez dans une casserole et ajoutez le beurre. Faites cuire à feu doux 5 min en fouettant afin d'obtenir une préparation lisse et homogène. Versez dans un pot.

2. Préchauffez le four à 150 °C (th. 5). Séparez les blancs des jaunes d'œufs. Faites fondre le beurre à feu doux dans une petite casserole. Versez le sucre dans le saladier contenant les jaunes d'œufs et battez jusqu'à obtention d'une crème blanche et mousseuse. Faites tiédir le lait dans une casserole à feu.

3. Versez le beurre fondu dans le mélange à base de jaunes d'œufs. Incorporez le lemon curd, puis la farine en deux fois et le sel. Battez bien de sorte que la pâte soit homogène. Ajoutez progressivement le lait dans la pâte. Montez les blancs d'œufs en neige à l'aide d'un batteur électrique, puis incorporez-les à la pâte en deux fois, en les cassant grossièrement.

4. Beurrez le moule au pinceau et versez-y la pâte. Lissez-en la surface, puis enfournez pour 22 à 24 min de cuisson. Laissez les gâteaux refroidir avant de les placer au frais 3 ou 4 h.

5. Taillez le citron en rondelles de 3 mm d'épaisseur. Versez l'eau et le sucre dans une casserole et portez à ébullition pour obtenir un sirop. Plongez-y les rondelles de citron et laissez-les cuire à feu doux jusqu'à ce que la peau du citron ait la même couleur que la chair. Décorez-en les gâteaux avant de servir.

GÂTEAUX MAGIQUES

MARMELADE D'AGRUMES ET SUCRE GLACE, SORBET AU CHOCOLAT NOIR

Pour 6 personnes / 20 min de préparation / 20-22 min de cuisson / 3-4 h de repos

Ingrédients
2 œufs
65 g de beurre doux
55 g de sucre en poudre
25 cl de lait entier
3 cuil. à soupe de marmelade d'agrumes
55 g de farine
1 pincée de sel
Sucre glace

Pour le sorbet au chocolat
150 g de chocolat noir
50 cl d'eau
70 g de sucre en poudre
1 cuil. à soupe de miel
50 g de cacao amer en poudre (Van Houten)

Matériel
Moule en silicone à 6 empreintes en forme de cannelé
Sorbetière

1. Préchauffez le four à 150 °C (th. 5). Séparez les blancs des jaunes d'œufs. Faites fondre le beurre à feu doux dans une petite casserole. Versez le sucre dans le saladier contenant les jaunes d'œufs et battez jusqu'à obtention d'une crème blanche et mousseuse. Faites tiédir le lait dans une casserole à feu doux et réservez.

2. Versez le beurre fondu dans le mélange à base de jaunes d'œufs. Incorporez la marmelade d'agrumes, puis la farine en deux fois et le sel. Battez bien de sorte que la pâte soit homogène. Ajoutez progressivement le lait dans la pâte. Montez les blancs d'œufs en neige à l'aide d'un batteur électrique, puis incorporez-les à la pâte en deux fois, en les cassant grossièrement.

3. Beurrez le moule au pinceau et versez-y la pâte. Lissez-en la surface, puis enfournez pour 20 à 22 min de cuisson. Laissez les gâteaux refroidir avant de les placer au frais 3 ou 4 h.

4. Préparez le sorbet. Cassez le chocolat. Préparez un sirop de sucre en portant à ébullition l'eau et le sucre dans une casserole. Ajoutez le chocolat hors du feu et mélangez bien afin qu'il fonde complètement. Versez le miel et le cacao sans cesser de mélanger. Remettez la casserole sur le feu, portez à ébullition et laissez cuire 1 min. Mélangez bien, puis laissez refroidir. Versez la préparation dans le bol de la sorbetière et turbinez pendant 20 min.

5. Saupoudrez les gâteaux de sucre glace et dégustez-les avec le sorbet au chocolat.

GÂTEAUX MAGIQUES

CLÉMENTINES ET PAIN D'ÉPICE

Pour 6 à 8 personnes / 15 min de préparation / 50 min à 1 h de cuisson / 3 h de repos au frais

Ingrédients
125 g de beurre
2 clémentines
4 œufs
150 g de sucre semoule
1 cuil. à café de mélange pour pain d'épice
115 g de farine
50 cl de lait
1 pincée de sel

Matériel
Batteur électrique
Plat carré de 20 cm de côté
Papier cuisson

1. Préchauffez le four à 150 °C (th. 5). Faites fondre le beurre à feu doux dans une casserole. Réservez. Lavez et prélevez les zestes des 2 clémentines ; pressez l'une des clémentines et réservez le jus.

2. Cassez les œufs et séparez les blancs des jaunes. Réservez les blancs dans un bol. Dans un saladier, fouettez les jaunes avec le sucre semoule à l'aide du batteur. Versez, dans cet ordre, le beurre fondu, le jus et les zestes des clémentines, le mélange pour pain d'épice, la farine et le lait. Mélangez bien toujours au batteur.

3. Salez et montez les blancs en neige ferme à l'aide du batteur. À l'aide d'un fouet, ajoutez les blancs en trois fois dans la préparation. Mélangez tout en cassant légèrement les blancs afin qu'il reste encore des morceaux.

4. Tapissez le fond du moule de papier cuisson puis versez la préparation. Enfournez pour 50 min à 1 h (selon votre four à chaleur tournante ou traditionnelle).

5. Laissez refroidir puis réservez au réfrigérateur au moins 3 h. Coupez en carrés puis servez.

VARIANTE
Remplacez le mélange pour pain d'épice par 80 g de poudre de spéculoos.

GÂTEAUX MAGIQUES

YUZU

Pour 6 personnes / 20 min de préparation / 20-22 min de cuisson / 3-4 h de repos

Ingrédients
2 œufs
65 g + 1 cuil. à café de beurre doux
70 g de sucre en poudre
25 cl de lait entier
2 cuil. à soupe de jus de yuzu (agrume asiatique)
55 g de farine
1 pincée de sel

Pour le glaçage blanc au yuzu
2 cuil. à soupe de jus de yuzu (agrume asiatique)
Sucre glace

Matériel
Moule en silicone à 6 empreintes en forme de fleur
Batteur électrique

1. Préchauffez le four à 150 °C (th. 5). Séparez les blancs des jaunes d'œufs. Faites fondre le beurre à feu doux dans une petite casserole. Versez le sucre dans le saladier contenant les jaunes d'œufs et battez jusqu'à obtention d'une crème blanche et mousseuse. Faites tiédir le lait dans une casserole et réservez.

2. Versez le beurre fondu dans le mélange à base de jaunes d'œufs. Incorporez le jus de yuzu, puis la farine en deux fois et le sel. Battez bien de sorte que la pâte soit homogène. Ajoutez progressivement le lait dans la pâte. Montez les blancs d'œufs en neige à l'aide d'un batteur électrique, puis incorporez-les à la pâte en deux fois, en les cassant grossièrement.

3. Beurrez le moule au pinceau et versez-y la pâte. Lissez-en la surface, puis enfournez pour 20 à 22 min de cuisson. Laissez les gâteaux refroidir avant de les placer au frais 3 ou 4 h.

4. Préparez le glaçage. Versez le jus de yuzu dans un bol et ajoutez du sucre glace en fouettant jusqu'à obtention d'une crème épaisse. Décorez les gâteaux de ce glaçage avant de servir. N'hésitez pas à jouer sur les formes en glaçant seulement certains pétales ou le cœur des fleurs.

CONSEIL

Ajoutez 1 cuil. à soupe de zestes ou d'écorces confites de yuzu à la pâte.

GÂTEAUX MAGIQUES

ORANGE, CHOCOLAT ET CANNELLE

Pour 6 à 8 personnes / 15 min de préparation / 50 min à 1 h de cuisson / 3 h de repos au frais

Ingrédients

125 g de beurre
1 orange
4 œufs
150 g de sucre semoule
40 g de cacao en poudre
1 cuil. à café de cannelle en poudre
115 g de farine
50 cl de lait
1 pincée de sel

Matériel

Batteur électrique
Plat carré de 20 cm de côté
Papier cuisson

1. Préchauffez le four à 150 °C (th. 5). Faites fondre le beurre à feu doux dans une casserole. Réservez. Lavez et zestez l'orange puis prélevez 2 cuil. à soupe de jus. Réservez.

2. Cassez les œufs et séparez les blancs des jaunes. Réservez les blancs dans un bol. Dans un saladier, fouettez les jaunes avec le sucre semoule à l'aide du batteur. Versez, dans cet ordre, le beurre fondu, les zestes et le jus d'orange, le cacao, la cannelle, la farine et le lait. Mélangez bien toujours au batteur.

3. Salez et montez les blancs en neige ferme à l'aide du batteur. À l'aide d'un fouet, ajoutez les blancs en trois fois dans la préparation. Mélangez tout en cassant légèrement les blancs afin qu'il reste encore des morceaux.

4. Tapissez le fond du moule de papier cuisson puis versez la préparation. Enfournez pour 50 min à 1 h (selon votre four à chaleur tournante ou traditionnelle).

5. Laissez refroidir puis réservez au réfrigérateur au moins 3 h. Coupez en carrés puis servez.

VARIANTE

Remplacez l'orange par 2 clémentines.

GÂTEAUX MAGIQUES

PAMPLEMOUSSE

Pour 6 à 8 personnes / 15 min de préparation / 50 min à 1 h de cuisson / 3 h de repos au frais

Ingrédients
15 g de beurre
1 pamplemousse
4 œufs
160 g de sucre semoule
115 g de farine
50 cl de lait
1 pincée de sel

Matériel
Batteur électrique
Plat carré de 20 cm de côté
Papier cuisson

1. Préchauffez le four à 150 °C (th. 5). Faites fondre le beurre à feu doux dans une casserole. Réservez. Lavez et zestez le pamplemousse puis prélevez 2 cuil. à soupe de jus. Réservez.

2. Cassez les œufs et séparez les blancs des jaunes. Réservez les blancs dans un bol. Dans un saladier, fouettez les jaunes avec le sucre semoule à l'aide du batteur. Versez, dans cet ordre, le beurre fondu, les zestes et le jus de pamplemousse, la farine et le lait. Mélangez bien tcujours au batteur.

3. Salez et montez les blancs en neige ferme à l'aide du batteur. À l'aide d'un fouet, ajoutez les blancs en trois fois dans la préparation. Mélangez tout en cassant légèrement les blancs afin qu'il reste encore des morceaux.

4. Tapissez le fond du moule de papier cuisson puis versez la préparation. Enfournez pour 50 min à 1 h (selon votre four à chaleur tournante ou traditionnelle).

5. Laissez refroidir puis réservez au réfrigérateur au moins 3 h. Coupez en carrés puis servez.

SUGGESTION
Ajoutez 80 g de myrtilles à la préparation.

GÂTEAUX MAGIQUES

MANGUE ET CHOCOLAT BLANC

Pour 6 à 8 personnes / 15 min de préparation / 50 min à 1 h de cuisson / 3 h de repos au frais

Ingrédients
125 g de beurre
150 g de chocolat blanc
1 mangue
4 œufs
150 g de sucre semoule
115 g de farine
1 cuil. à soupe d'eau
50 cl de lait
1 pincée de sel

Matériel
Batteur électrique
Plat carré de 20 cm de côté
Papier cuisson

1. Préchauffez le four à 150 °C (th. 5). Faites fondre le beurre et le chocolat à feu doux dans une casserole. Réservez. Épluchez la mangue et coupez la chair en lamelles. Réservez.

2. Cassez les œufs et séparez les blancs des jaunes. Réservez les blancs dans un bol. Dans un saladier, fouettez les jaunes avec le sucre semoule à l'aide du batteur. Versez, dans cet ordre, le mélange beurre-chocolat blanc, la farine, l'eau et le lait. Mélangez bien toujours au batteur.

3. Salez et montez les blancs en neige ferme à l'aide du batteur. À l'aide d'un fouet, ajoutez les blancs en trois fois dans la préparation. Mélangez tout en cassant légèrement les blancs afin qu'il reste encore des morceaux.

4. Tapissez le fond du moule de papier cuisson, répartissez les lamelles de mangue puis versez la préparation au chocolat blanc. Enfournez pour 50 min à 1 h (selon votre four à chaleur tournante ou traditionnelle).

5. Laissez refroidir puis réservez au réfrigérateur au moins 3 h. Coupez en carrés puis servez.

GÂTEAUX MAGIQUES

MANGUE ET NOIX DE COCO, GLAÇAGE AU CITRON VERT

Pour 6 personnes / 20 min de préparation / 22-24 min de cuisson / 3-4 h de repos

Ingrédients
1 mangue
2 œufs
65 g + 1 cuil. à café de beurre doux
70 g de sucre en poudre
12 cl de lait entier
12 cl de lait de coco
40 g de farine
40 g de noix de coco en poudre
1 pincée de sel

Pour le glaçage au citron vert
60 g de mascarpone
110 g de fromage frais (Kiri®)
40 g de sucre glace
1 citron vert (zestes râpés et jus)

Matériel
Moule en silicone à 6 empreintes en forme de cube
Batteur électrique

1. Préchauffez le four à 150 °C (th. 5). Pelez la mangue et prélevez la chair en tournant autour du noyau. Taillez-la en petits dés.

2. Séparez les blancs des jaunes d'œufs. Faites fondre le beurre à feu doux dans une petite casserole. Versez le sucre dans le saladier contenant les jaunes d'œufs et battez jusqu'à obtention d'une crème blanche et mousseuse. Faites tiédir les laits dans une casserole à feu doux et réservez.

3. Versez le beurre fondu dans le mélange à base de jaunes d'œufs. Incorporez la farine en deux fois, puis la noix de coco et le sel. Battez bien de sorte que la pâte soit homogène. Ajoutez les laits dans la pâte. Montez les blancs d'œufs en neige au batteur électrique, puis incorporez-les à la pâte en deux fois, en les cassant grossièrement.

4. Beurrez le moule au pinceau et répartissez-y les dés de mangue. Versez la pâte et lissez-en la surface, puis enfournez pour 22 à 24 min de cuisson. Laissez les gâteaux refroidir avant de les placer au frais 3 ou 4 h.

5. Préparez le glaçage en mélangeant tous les Ingrédients. Décorez les gâteaux de ce glaçage avant de servir.

VARIANTE
Remplacez la noix de coco en poudre par de la poudre d'amandes et ajoutez 2 cuil. à soupe de rhum dans la pâte.

GÂTEAUX MAGIQUES

FRAMBOISE ET PISTACHE

Pour 6 à 8 personnes / 15 min de préparation / 50 min à 1 h de cuisson / 3 h de repos au frais

Ingrédients
125 g de beurre
4 œufs
150 g de sucre semoule
1 cuil. à soupe de pâte de pistaches
1 pointe de couteau de colorant vert en poudre
115 g de farine
1 cuil. à soupe d'eau
50 cl de lait
150 g de framboises
1 pincée de sel

Matériel
Batteur électrique
Plat carré de 20 cm de côté
Papier cuisson

1. Préchauffez le four à 150 °C (th. 5). Faites fondre le beurre à feu doux dans une casserole. Réservez.

2. Cassez les œufs et séparez les blancs des jaunes. Réservez les blancs dans un bol. Dans un saladier, fouettez les jaunes avec le sucre semoule à l'aide du batteur. Versez, dans cet ordre, le beurre fondu, la pâte de pistaches, le colorant vert, la farine, l'eau et le lait. Mélangez bien toujours au batteur.

3. Salez et montez les blancs en neige ferme à l'aide du batteur. À l'aide d'un fouet, ajoutez les blancs en trois fois dans la préparation. Mélangez tout en cassant légèrement les blancs afin qu'il reste encore des morceaux.

4. Tapissez le fond du moule de papier cuisson, parsemez le fond de framboises puis versez la préparation à la pistache. Enfournez pour 50 min à 1 h (selon votre four à chaleur tournante ou traditionnelle).

5. Laissez refroidir puis réservez au réfrigérateur au moins 3 h. Coupez en carrés puis servez.

VARIANTE
Remplacez les framboises par des cerises.

GÂTEAUX MAGIQUES

NOUGAT ET COULIS DE FRAMBOISES

Pour 6 personnes / 20 min de préparation / 22-24 min de cuisson / 3-4 h de repos

Ingrédients
2 œufs
65 g de beurre doux
70 g de sucre en poudre
25 cl de lait entier
100 g de nougat
55 g de farine
1 pincée de sel

Pour le coulis de framboises
250 g de framboises fraîches
1 cuil. à soupe de sucre glace

Matériel
Moule en silicone à 6 empreintes en forme de bûche
Batteur électrique
Blender

1. Préchauffez le four à 150 °C (th. 5). Séparez les blancs des jaunes d'œufs. Faites fondre le beurre à feu doux dans une petite casserole. Versez le sucre dans le saladier contenant les jaunes d'œufs et battez jusqu'à obtention d'une crème blanche et mousseuse. Versez le lait dans une casserole et ajoutez le nougat. Faites tiédir le tout à feu doux en mélangeant pour que le nougat fonde. Réservez.

2. Versez le beurre fondu dans le mélange à base de jaunes d'œufs, puis incorporez la farine en deux fois et le sel. Battez bien de sorte que la pâte soit homogène. Ajoutez progressivement le lait au nougat dans la pâte. Montez les blancs d'œufs en neige à l'aide d'un batteur électrique, puis incorporez-les à la pâte en deux fois, en les cassant grossièrement.

3. Beurrez le moule au pinceau et versez-y la pâte. Lissez-en la surface, puis enfournez pour 22 à 24 min de cuisson. Laissez les gâteaux refroidir avant de les placer au frais 3 ou 4 h.

4. Préparez le coulis de framboises. Pour cela, mixez les framboises dans un blender avec le sucre glace. Nappez les gâteaux de coulis de framboises avant de servir.

VARIANTE

Remplacez le nougat par des calissons d'Aix-en-Provence.

GÂTEAUX MAGIQUES

BISCUITS ROSES DE REIMS ET FRAMBOISES, GLAÇAGE AU CHOCOLAT BLANC

Pour 6 personnes / 20 min de préparation / 22-24 min de cuisson / 3-4 h de repos

Ingrédients
2 œufs
65 g + 1 cuil. à café de beurre doux
70 g de sucre en poudre
25 cl de lait entier
55 g de farine
1 pincée de sel
20 g de biscuits roses de Reims en poudre
100 g de framboises fraîches

Pour le glaçage au chocolat blanc
200 g de chocolat blanc
120 g de crème fraîche épaisse
80 g de beurre doux à température ambiante

Matériel
Moule en silicone à 6 empreintes en forme d'étoile
Batteur électrique

1. Préchauffez le four à 150 °C (th. 5). Séparez les blancs des jaunes d'œufs. Faites fondre le beurre à feu doux dans une petite casserole. Versez le sucre dans le saladier contenant les jaunes d'œufs et battez jusqu'à obtention d'une crème blanche et mousseuse. Faites tiédir le lait dans une casserole et réservez.

2. Versez le beurre fondu dans le mélange à base de jaunes d'œufs. Incorporez la farine en deux fois et le sel, puis la poudre de biscuits roses de Reims. Battez bien de sorte que la pâte soit homogène. Ajoutez progressivement le lait dans la pâte. Montez les blancs d'œufs en neige à l'aide d'un batteur électrique, puis incorporez-les à la pâte en deux fois, en les cassant grossièrement.

3. Beurrez le moule au pinceau et répartissez-y les framboises. Versez la pâte et lissez-en la surface, puis enfournez pour 22 à 24 min de cuisson. Laissez les gâteaux refroidir avant de les placer au frais 3 ou 4 h.

4. Préparez le glaçage. Faites fondre le chocolat blanc avec la crème fraîche dans une casserole à feu doux. Fouettez pour obtenir un mélange homogène. Incorporez petit à petit le beurre, toujours en fouettant. Décorez les gâteaux de glaçage avant de servir.

VARIANTE
Remplacez la poudre de biscuits roses de Reims par de la poudre de pistaches.

GÂTEAUX MAGIQUES

GÂTEAU MAGIQUE AUX GROSEILLES ET CERISES

Pour 6 à 8 personnes / 15 min de préparation / 50 min à 1 h de cuisson / 3 h de repos au frais

Ingrédients
125 g de beurre
60 g de cerises
4 œufs
150 g de sucre semoule
1 cuil. à café d'arôme vanille
115 g de farine
1 cuil. à soupe d'eau
50 cl de lait
80 g de groseilles
1 pincée de sel

Matériel
Batteur électrique
Plat carré de 20 cm de côté
Papier cuisson

1. Préchauffez le four à 150 °C (th. 5). Faites fondre le beurre à feu doux dans une casserole. Réservez. Coupez les cerises en deux et dénoyautez-les. Réservez.

2. Cassez les œufs et séparez les blancs des jaunes. Réservez les blancs dans un bol. Dans un saladier, fouettez les jaunes avec le sucre semoule à l'aide du batteur. Versez, dans cet ordre, le beurre fondu, l'arôme vanille, la farine, l'eau et le lait. Mélangez bien toujours au batteur.

3. Salez et montez les blancs en neige ferme à l'aide du batteur. À l'aide d'un fouet, ajoutez les blancs en trois fois dans la préparation. Mélangez tout en cassant légèrement les blancs afin qu'il reste encore des morceaux.

4. Tapissez le fond du moule de papier cuisson, répartissez les cerises et les groseilles puis versez la préparation. Enfournez pour 50 min à 1 h (selon votre four à chaleur tournante ou traditionnelle).

5. Laissez refroidir puis réservez au réfrigérateur au moins 3 h. Coupez en carrés puis servez.

GÂTEAUX MAGIQUES

FRUITS ROUGES ET CHANTILLY À LA VIOLETTE

Pour 6 personnes / 20 min de préparation / 22-24 min de cuisson / 3-4 h de repos

Ingrédients
2 œufs
65 g + 1 cuil. à café de beurre doux
70 g de sucre en poudre
25 cl de lait entier
1 cuil. à soupe de sirop de violette
55 g de farine
1 pincée de sel
125 g de fruits rouges frais

Pour la chantilly à la violette
20 cl de crème fleurette
5 cl de lait
1 cuil. à soupe de sirop de violette
150 g de fruits rouges frais

Matériel
Moule en silicone à 6 empreintes
Siphon
Batteur électrique
Blender

1. Préchauffez le four à 150 °C (th. 5). Séparez les blancs des jaunes d'œufs. Faites fondre le beurre à feu doux dans une petite casserole. Versez le sucre dans le saladier contenant les jaunes d'œufs et battez jusqu'à obtention d'une crème blanche et mousseuse. Faites tiédir le lait dans une casserole à feu doux et réservez.

2. Versez le beurre fondu dans le mélange à base de jaunes d'œufs. Incorporez le sirop de violette, puis la farine en deux fois et le sel. Battez bien de sorte que la pâte soit homogène. Ajoutez progressivement le lait dans la pâte. Montez les blancs d'œufs en neige à l'aide d'un batteur électrique, puis incorporez-les à la pâte en deux fois, en les cassant grossièrement.

3. Beurrez le moule au pinceau et répartissez-y les fruits rouges. Versez la pâte et lissez-en la surface, puis enfournez pour 22 à 24 min de cuisson. Laissez les gâteaux refroidir avant de les placer au frais 3 ou 4 h.

4. Pour préparer la crème Chantilly à la violette, assemblez tous les ingrédients dans un blender et mixez. Filtrez la préparation au chinois, puis versez-la dans un siphon. Gardez au frais jusqu'à utilisation. Déposez une fleur de chantilly sur les gâteaux avant de servir.

VARIANTES

Remplacez le sirop de violette par du sirop de bleuet, de mûre, de cassis ou de myrtille.

GÂTEAUX MAGIQUES

MÛRE ET NOIX DE COCO

Pour 6 à 8 personnes / 15 min de préparation / 50 min à 1 h de cuisson / 3 h de repos au frais

Ingrédients
125 g de beurre
4 œufs
150 g de sucre semoule
50 g de noix de coco
115 g de farine
1 cuil. à soupe d'eau
50 cl de lait
150 g de mûres
1 pincée de sel

Matériel
Batteur électrique
Plat carré de 20 cm de côté
Papier cuisson

1. Préchauffez le four à 150 °C (th. 5). Faites fondre le beurre à feu doux dans une casserole. Réservez.

2. Cassez les œufs et séparez les blancs des jaunes. Réservez les blancs dans un bol. Dans un saladier, fouettez les jaunes avec le sucre semoule à l'aide du batteur. Versez, dans cet ordre, le beurre fondu, la noix de coco, la farine, l'eau et le lait. Mélangez bien toujours au batteur.

3. Salez et montez les blancs en neige ferme à l'aide du batteur. À l'aide d'un fouet, ajoutez les blancs en trois fois dans la préparation. Mélangez tout en cassant légèrement les blancs afin qu'il reste encore des morceaux.

4. Tapissez le fond du moule de papier cuisson, répartissez les mûres puis versez la préparation. Enfournez pour 50 min à 1 h (selon votre four à chaleur tournante ou traditionnelle).

5. Laissez refroidir puis réservez au réfrigérateur au moins 3 h. Coupez en carrés puis servez.

VARIANTE

Remplacez 50 g de mûres par 50 g de framboises.

GÂTEAUX MAGIQUES

CERISES ET AMANDES

Pour 6 à 8 personnes / 15 min de préparation / 50 min à 1 h de cuisson / 3 h de repos au frais

Ingrédients
125 g de beurre
150 g de cerises
4 œufs
150 g de sucre semoule
60 g de poudre d'amandes
115 g de farine
1 cuil. à soupe d'eau
50 cl de lait
1 pincée de sel

Matériel
Batteur électrique
Plat carré de 20 cm de côté
Papier cuisson

1. Préchauffez le four à 150 °C (th. 5). Faites fondre le beurre à feu doux dans une casserole. Réservez. Coupez les cerises en deux et dénoyautez-les. Réservez.

2. Cassez les œufs et séparez les blancs des jaunes. Réservez les blancs dans un bol. Dans un saladier, fouettez les jaunes avec le sucre semoule à l'aide du batteur. Versez, dans cet ordre, le beurre fondu, la poudre d'amandes, la farine, l'eau et le lait. Mélangez bien toujours au batteur.

3. Salez et montez les blancs en neige ferme à l'aide du batteur. À l'aide d'un fouet, ajoutez les blancs en trois fois dans la préparation. Mélangez tout en cassant légèrement les blancs afin qu'il reste encore des morceaux.

4. Tapissez le fond du moule de papier cuisson, versez les cerises puis recouvrez-les de la préparation à l'amande. Enfournez pour 50 min à 1 h (selon votre four à chaleur tournante ou traditionnelle).

5. Laissez refroidir puis réservez au réfrigérateur au moins 3 h. Coupez en carrés puis servez.

VARIANTE
Remplacez la poudre d'amandes par 150 g de chocolat blanc.

GÂTEAUX MAGIQUES

GÂTEAU MAGIQUE AUX PRALINES ROSES

Pour 6 à 8 personnes / 15 min de préparation / 50 min à 1 h de cuisson / 3 h de repos au frais

Ingrédients
120 g de pralines roses
125 g de beurre
4 œufs
150 g de sucre semoule
115 g de farine
50 cl de lait
1 cuil. à soupe d'eau
1 pincée de sel

Matériel
Rouleau à pâtisserie
Batteur électrique
Plat carré de 20 cm de côté
Papier cuisson,
sac de congélation

1. Préchauffez le four à 150 °C (th. 5). Placez les pralines roses dans un sac de congélation et concassez-les à l'aide du rouleau à pâtisserie. Faites fondre le beurre à feu doux dans une casserole. Réservez.

2. Cassez les œufs et séparez les blancs des jaunes. Réservez les blancs dans un bol. Dans un saladier, fouettez les jaunes avec le sucre semoule à l'aide du batteur. Versez, dans cet ordre, le beurre fondu, la farine, l'eau et le lait. Mélangez bien toujours au batteur.

3. Salez et montez les blancs en neige ferme à l'aide du batteur. À l'aide d'un fouet, ajoutez les blancs en trois fois dans la préparation. Mélangez tout en cassant légèrement les blancs afin qu'il reste encore des morceaux.

4. Tapissez le fond du moule de papier cuisson, parsemez de la moitié des pralines concassées puis versez la préparation. Répartissez le reste des pralines sur le dessus du gâteau puis enfournez pour 50 min à 1 h (selon votre four à chaleur tournante ou traditionnelle).

5. Laissez refroidir puis réservez au réfrigérateur au moins 3 h. Coupez en carrés puis servez.

SUGGESTION
Ajoutez des fruits rouges type framboises ou mûres.

GÂTEAUX MAGIQUES

ABRICOTS ET NOISETTES

Pour 6 à 8 personnes / 15 min de préparation / 50 min à 1 h de cuisson / 3 h de repos au frais

Ingrédients
125 g de beurre
6 gros abricots
4 œufs
150 g de sucre semoule
60 g de noisettes en poudre
115 g de farine
1 cuil. à soupe d'eau
50 cl de lait
1 pincée de sel

Matériel
Batteur électrique
Plat carré de 20 cm de côté
Papier cuisson

1. Préchauffez le four à 150 °C (th. 5). Faites fondre le beurre à feu doux dans une casserole. Réservez. Lavez les abricots et coupez-les en deux (réservez-en quelques-uns pour le décor).

2. Cassez les œufs et séparez les blancs des jaunes. Réservez les blancs dans un bol. Dans un saladier, fouettez les jaunes avec le sucre semoule à l'aide du batteur. Versez, dans cet ordre, le beurre fondu, la poudre de noisettes, la farine, l'eau et le lait. Mélangez bien toujours au batteur.

3. Salez et montez les blancs en neige ferme à l'aide du batteur. À l'aide d'un fouet, ajoutez les blancs en trois fois dans la préparation. Mélangez tout en cassant légèrement les blancs afin qu'il reste encore des morceaux.

4. Tapissez le fond du moule de papier cuisson, disposez les demi-abricots puis recouvrez de la préparation à la noisette. Enfournez pour 50 min à 1 h (selon votre four à chaleur tournante ou traditionnelle).

5. Laissez refroidir puis réservez au réfrigérateur au moins 3 h. Coupez en carrés, décorez avec les abricots réservés puis servez.

SUGGESTION
Déposez des noisettes entières sur le dessus avant d'enfourner afin d'apporter une touche croquante.

VARIANTE
Remplacez les abricots par des pêches.

GÂTEAUX MAGIQUES

ABRICOT, AMANDE ET CHANTILLY DE LAVANDE

Pour 6 personnes / 20 min de préparation / 22-24 min de cuisson / 3-4 h de repos

Ingrédients
100 g d'abricots mûrs
2 œufs
65 g + 1 cuil. à café de beurre doux
70 g de sucre en poudre
25 cl de lait entier
30 g de poudre d'amandes
55 g de farine
1 pincée de sel

Pour la chantilly à la lavande
25 cl de crème fleurette
1 goutte d'essence ou extrait naturel de lavande

Matériel
Moule en silicone à 6 empreintes
Siphon (facultatif)
Batteur électrique

1. Dénoyautez les abricots et coupez-les en petits dés. Préchauffez le four à 150 °C (th. 5).

2. Séparez les blancs des jaunes d'œufs. Faites fondre le beurre à feu doux dans une petite casserole. Versez le sucre dans le saladier contenant les jaunes d'œufs et battez jusqu'à obtention d'une crème blanche et mousseuse. Faites tiédir le lait dans une casserole et réservez.

3. Versez le beurre fondu dans le mélange à base de jaunes d'œufs. Incorporez la poudre d'amandes, puis la farine en deux fois et le sel. Battez bien de sorte que la pâte soit homogène. Ajoutez progressivement le lait dans la pâte. Montez les blancs d'œufs en neige à l'aide d'un batteur électrique, puis incorporez-les à la pâte en deux fois, en les cassant grossièrement.

4. Beurrez le moule au pinceau et répartissez-y les dés d'abricot. Versez la pâte et lissez-en la surface, puis enfournez pour 22 à 24 min de cuisson. Laissez les gâteaux refroidir avant de les placer au frais 3 ou 4 h.

5. Préparez la crème Chantilly en fouettant la crème fleurette froide au batteur avec l'extrait de lavande. Vous pouvez également utiliser un siphon. Décorez les gâteaux de chantilly avant de servir.

CONSEIL
Si les abricots ne sont pas bien mûrs, faites-les caraméliser à la poêle dans un peu de sucre et de beurre.

GÂTEAUX MAGIQUES

GÂTEAU MAGIQUE AUX POMMES CARAMÉLISÉES

Pour 6 à 8 personnes / 30 min environ de préparation / 50 min à 1 h de cuisson / 3 h de repos au frais

Ingrédients
3 grosses pommes
30 g de sucre roux
150 g de beurre
4 œufs
150 g de sucre semoule
115 g de farine
1 cuil. à soupe d'eau
50 cl de lait
1 pincée de sel

Pour la sauce au caramel au lait
80 g de sucre semoule
10 cl de lait
30 g de beurre

Matériel
Batteur électrique
Plat carré de 20 cm de côté
Papier cuisson

1. Préparez la sauce au caramel : faites fondre le sucre à sec. Dans une casserole, faites bouillir le lait. Dès que le sucre prend une belle couleur brune, versez le lait et le beurre. Mélangez puis portez à ébullition. Laissez ensuite refroidir.

2. Préparez le gâteau : préchauffez le four à 150 °C (th. 5). Épluchez et coupez les pommes en dés. Dans un bol, mélangez les dés de pommes avec le sucre roux. Dans une poêle, faites fondre 25 g de beurre, ajoutez le mélange pommes-sucre roux et faites revenir le tout pendant 10 à 15 min jusqu'à ce que les dés de pommes soient bien dorés. Réservez. Faites fondre le reste de beurre à feu doux dans une casserole. Réservez.

3. Cassez les œufs et séparez les blancs des jaunes. Réservez les blancs dans un bol. Dans un saladier, fouettez les jaunes avec le sucre semoule à l'aide du batteur. Versez, dans cet ordre, le beurre fondu, la farine, l'eau et le lait. Mélangez bien toujours au batteur.

4. Salez et montez les blancs en neige ferme à l'aide du batteur. À l'aide d'un fouet, ajoutez les blancs en trois fois dans la préparation. Mélangez tout en cassant légèrement les blancs afin qu'il reste encore des morceaux.

5. Tapissez le fond du moule de papier cuisson. Répartissez les dés de pommes caramélisés puis versez la préparation. Enfournez pour 50 min à 1 h (selon votre four à chaleur tournante ou traditionnelle).

6. Laissez refroidir puis réservez au réfrigérateur au moins 3 h. Coupez en carrés, versez du caramel sur le dessus, puis servez.

GÂTEAUX MAGIQUES

POIRES ET PRALINÉ

Pour 6 à 8 personnes / 15 min de préparation / 50 min à 1 h de cuisson / 3 h de repos au frais

Ingrédients
125 g de beurre
2 grosses poires
4 œufs
150 g de sucre semoule
60 g de pralin en poudre
115 g de farine
1 cuil. à soupe d'eau
50 cl de lait
1 pincée de sel

Matériel
Batteur électrique
Plat carré de 20 cm de côté
Papier cuisson

1. Préchauffez le four à 150 °C (th. 5). Faites fondre le beurre à feu doux dans une casserole. Réservez. Lavez et coupez les poires en lamelles.

2. Cassez les œufs et séparez les blancs des jaunes. Réservez les blancs dans un bol. Dans un saladier, fouettez les jaunes avec le sucre semoule à l'aide du batteur. Versez, dans cet ordre, le beurre fondu, le pralin, la farine, l'eau et le lait. Mélangez bien toujours au batteur.

3. Salez et montez les blancs en neige ferme à l'aide du batteur. À l'aide d'un fouet, ajoutez les blancs en trois fois dans la préparation. Mélangez tout en cassant légèrement les blancs afin qu'il reste encore des morceaux.

4. Tapissez le fond du moule de papier cuisson. Déposez au fond les lamelles de poires puis versez la préparation. Enfournez pour 50 min à 1 h (selon votre four à chaleur tournante ou traditionnelle).

5. Laissez refroidir puis réservez au réfrigérateur au moins 3 h. Coupez en carrés puis servez.

VARIANTE

Remplacez le pralin par de la poudre d'amandes.

GÂTEAUX MAGIQUES

FIGUES, AMANDES ET FLEUR D'ORANGER

Pour 6 à 8 personnes / 15 min de préparation / 50 min à 1 h de cuisson / 3 h de repos au frais

Ingrédients
125 g de beurre
8 figues
4 œufs
150 g de sucre semoule
50 g d'amandes en poudre
1 cuil. à café de fleur d'oranger
115 g de farine
50 cl de lait
1 cuil. à soupe d'eau
1 pincée de sel

Matériel
Batteur électrique
Plat carré de 20 cm de côté
Papier cuisson

1. Préchauffez le four à 150 °C (th. 5). Faites fondre le beurre à feu doux dans une casserole. Réservez. Épluchez les figues et coupez-les en quatre.

2. Cassez les œufs et séparez les blancs des jaunes. Réservez les blancs dans un bol. Dans un saladier, fouettez les jaunes avec le sucre semoule à l'aide du batteur. Versez, dans cet ordre, le beurre fondu, la poudre d'amandes, la fleur d'oranger, la farine, l'eau et le lait. Mélangez bien toujours au batteur.

3. Salez et montez les blancs en neige ferme à l'aide du batteur. À l'aide d'un fouet, ajoutez les blancs en trois fois dans la préparation. Mélangez tout en cassant légèrement les blancs afin qu'il reste encore des morceaux.

4. Tapissez le fond du moule de papier cuisson, répartissez les quartiers de figues puis versez la préparation. Enfournez pour 50 min à 1 h (selon votre four à chaleur tournante ou traditionnelle).

5. Laissez refroidir puis réservez au réfrigérateur au moins 3 h. Coupez en carrés puis servez.

SUGGESTION
Ajoutez 60 g de pistaches concassées à la préparation.

GÂTEAUX MAGIQUES

MIRABELLES CARAMÉLISÉES ET CRÈME À LA CANNELLE

Pour 6 personnes / 20 min de préparation / 22-24 min de cuisson / 3-4 h de repos

Ingrédients
2 œufs
65 g de beurre doux
50 g de sucre en poudre
1 sachet de sucre vanillé
25 cl de lait entier
55 g de farine
1 pincée de sel

Pour les mirabelles
100 g de mirabelles
30 g de sucre en poudre
20 g de beurre demi-sel

Pour la crème à la cannelle
50 cl de crème fraîche entière
15 g de sucre en poudre
3 jaunes d'œufs
1 cuil. à soupe de cannelle en poudre

Matériel
Moule en silicone à 6 empreintes
Batteur électrique

1. Préparez les mirabelles caramélisées. Dénoyautez les mirabelles. Versez le sucre dans une poêle et faites chauffer jusqu'à obtention d'un caramel. Ajoutez alors les mirabelles et enrobez-les de caramel en mélangeant à l'aide d'une cuillère en bois, puis ajoutez le beurre coupé en morceaux. Mélangez et réservez.

2. Préchauffez le four à 150 °C (th. 5). Séparez les blancs des jaunes d'œufs. Faites fondre le beurre à feu doux dans une petite casserole. Versez les sucres dans le saladier contenant les jaunes d'œufs et battez jusqu'à obtention d'une crème blanche et mousseuse. Faites tiédir le lait dans une casserole à feu doux et réservez.

3. Versez le beurre fondu dans le mélange à base de jaunes d'œufs, puis incorporez la farine en deux fois et le sel. Battez bien de sorte que la pâte soit homogène. Ajoutez progressivement le lait dans la pâte. Montez les blancs d'œufs en neige à l'aide d'un batteur électrique, puis incorporez-les à la pâte en deux fois, en les cassant grossièrement.

4. Beurrez le moule au pinceau et répartissez-y les mirabelles caramélisées. Versez la pâte et lissez-en la surface, puis enfournez pour 22 à 24 min de cuisson. Laissez les gâteaux refroidir avant de les placer au frais 3 ou 4 h.

5. Préparez la crème à la cannelle. Faites chauffer la crème et le sucre dans une casserole à feu doux. Ajoutez les jaunes d'œufs et la cannelle. Remuez jusqu'à ce que le mélange épaississe. Servez cette crème en accompagnement des gâteaux.

2. ANGEL CAKES

ANGEL CAKES

CHOCOLAT

Pour 6 angel cakes individuels / 25 min de préparation / 25 min de cuisson

Ingrédients

40 g d'huile neutre (pépin de raisin)
1 cuil. à café d'extrait de vanille
80 g de lait
80 g de farine
15 g de cacao en poudre
1 pincée de sel
1 cuil. à café de levure
6 blancs d'œufs
90 g de sucre semoule

Pour la chantilly au chocolat
15 cl de crème fleurette
15 g de sucre glace
1 cuil. à café de cacao en poudre

1. Préchauffez le four à 160 °C (th. 5-6). Mélangez l'huile, l'extrait de vanille et le lait, puis ajoutez la farine, le cacao, le sel et la levure et mélangez. Fouettez les blancs en neige en ajoutant le sucre en trois fois, jusqu'à ce qu'ils soient fermes mais pas trop. Incorporez un quart des blancs montés au mélange précédent en remuant bien, puis ajoutez le reste très délicatement en soulevant la pâte de bas en haut. Ne la travaillez pas trop longtemps, les blancs risqueraient de retomber.

2. Versez la pâte dans des moules à cercler individuels déposés sur une plaque recouverte de papier sulfurisé et enfournez pour 25 min de cuisson.

3. Sortez les gâteaux du four et basculez-les sur le côté pour les faire refroidir. Creusez le milieu des angel cakes à l'aide d'un emporte-pièce.

4. Montez alors la crème en chantilly avec le sucre glace et ajoutez le cacao en pluie. Lorsqu'elle est bien ferme, mettez-la dans une poche à douille cannelée et garnissez-en les angel cakes. Saupoudrez de cacao et servez aussitôt avec le reste de chantilly.

ANGEL CAKES

CHOCOLAT ET PRALINÉ

Pour 6 angel cakes individuels / 25 min de préparation / 25 min de cuisson

Ingrédients
40 g d'huile neutre (pépin de raisin)
60 g de lait
80 g de farine
10 g de cacao
1 pincée de sel
1 cuil. à café de levure
6 blancs d'œufs
90 g de sucre semoule

Pour la ganache chocolat-praliné
15 cl de crème fleurette
160 g de chocolat au lait
30 g de beurre
40 g de pâte de praliné

Pour la chantilly
15 cl de crème fleurette
15 g de sucre glace

Pour la décoration
Pralin

1. Préchauffez le four à 160 °C (th. 5-6). Mélangez l'huile et le lait, puis ajoutez la farine, le cacao, le sel et la levure et mélangez bien. Fouettez les blancs en neige en ajoutant le sucre en trois fois, jusqu'à ce qu'ils soient fermes mais pas trop. Incorporez un quart des blancs montés au mélange précédent en remuant bien, puis ajoutez le reste très délicatement en suivant le conseil de l'étape 1 de la p. 102.

2. Versez la pâte dans des moules à cercler individuels déposés sur une plaque recouverte de papier sulfurisé et enfournez pour 25 min de cuisson.

3. Pendant ce temps, préparez la ganache chocolat-praliné. Portez la crème à ébullition. Cassez le chocolat en morceaux dans un bol, ajoutez le beurre, la pâte de praliné et versez la crème bouillante dessus. Laissez reposer 3 min puis mélangez bien. Laissez prendre au frais jusqu'à ce que la ganache se tienne bien.

4. Sortez les gâteaux du four et basculez-les sur le côté pour les faire refroidir. Creusez le milieu des angel cakes à l'aide d'un emporte-pièce. Coupez-les en trois dans la hauteur et garnissez les deux parties inférieures de ganache au chocolat. Posez-les les unes sur les autres en terminant par celle sans ganache et tartinez tout le contour des angel cakes de ganache. Déposez des petits grains de pralin sur tout le pourtour des gâteaux.

5. Montez enfin la crème en chantilly avec le sucre glace. Lorsqu'elle est bien ferme, mettez-la dans une poche à douille cannelée et garnissez-en les angel cakes. Servez aussitôt.

ANGEL CAKES

CHOCOLAT BLANC ET FRUIT DE LA PASSION

Pour 6 angel cakes individuels / 25 min de préparation / 30 min de préparation

Ingrédients
40 g d'huile neutre (pépin de raisin)
60 g de lait
90 g de farine
1 pincée de sel
1 cuil. à café de levure
6 blancs d'œufs
90 g de sucre semoule
1 pointe de colorant alimentaire en gel orange

Pour la ganache chocolat blanc Passion
12 cl de crème fleurette
200 g de chocolat blanc
2 fruits de la Passion
30 g de beurre

Pour la chantilly
15 cl de crème fleurette
15 g de sucre glace

1. Préchauffez le four à 160 °C (th. 5-6).

2. Mélangez l'huile et le lait, puis ajoutez la farine, le sel et la levure et mélangez bien. Fouettez les blancs en neige en ajoutant le sucre en trois fois, jusqu'à ce qu'ils soient fermes, mais pas trop. Incorporez un quart des blancs montés au mélange précédent en remuant bien, puis ajoutez le reste très délicatement en suivant le conseil de l'étape 1 de la p. 102.

3. Divisez la pâte en deux et ajoutez un peu de colorant orange dans l'une. Versez les pâtes dans des moules à cercler individuels déposés sur une plaque recouverte de papier sulfurisé, marbrez à l'aide d'un pic en formant des arabesques et enfournez 25 min.

4. Pendant ce temps, portez la crème fleurette à ébullition. Cassez le chocolat blanc en morceaux, filtrez le jus des fruits de la passion et mettez-les dans un bol avec le beurre. Versez dessus la crème fleurette bouillante, laissez reposer 3 min à couvert et mélangez bien. Laissez la ganache prendre au frais, puis fouettez-la avant de l'utiliser pour l'assouplir. Sortez les gâteaux du four et basculez-les sur le côté pour les faire refroidir.

5. Creusez le milieu des gâteaux à l'aide d'un emporte-pièce et garnissez-les de ganache au chocolat blanc avec une poche à douille cannelée. Montez la crème en chantilly avec le sucre glace et servez-la avec les angel cakes.

ANGEL CAKES

SPÉCULOOS

Pour 6 angel cakes individuels / 25 min de préparation / 25 min de cuisson

Ingrédients
40 g d'huile neutre
(pépin de raisin)
1 cuil. à café d'extrait
de vanille
80 g de lait
80 g de farine
15 g de cacao en poudre
1 pincée de sel
1 cuil. à café de levure
6 blancs d'œufs
90 g de sucre semoule
5 gouttes de colorant
alimentaire liquide marron

Pour la garniture
4 cuil. à soupe de pâte
de spéculoos
2 cuil. à soupe de
mascarpone

Pour la chantilly
15 cl de crème fleurette
15 g de sucre glace

Pour la décoration
2 spéculoos concassés

1. Préchauffez le four à 160 °C (th. 5-6).

2. Mélangez l'huile, l'extrait de vanille et le lait puis ajoutez la farine, le cacao, le sel et la levure et mélangez bien. Fouettez les blancs en neige en ajoutant le sucre en trois fois, jusqu'à ce qu'ils soient fermes mais pas trop. Ajoutez alors le colorant et fouettez encore jusqu'à ce qu'il soit bien réparti. Incorporez un quart des blancs montés au mélange précédent en remuant bien, puis ajoutez le reste délicatement. Versez la pâte dans des moules à cercler individuels déposés sur une plaque recouverte de papier sulfurisé. Enfournez 25 min. Sortez les gâteaux du four et basculez-les sur le côté pour les faire refroidir. Creusez le milieu à l'aide d'un emporte-pièce.

3. Mixez le mascarpone avec la pâte de spéculoos, puis garnissez-en l'intérieur et le dessus des angel cakes.

4. Montez la crème en chantilly avec le sucre glace. Lorsqu'elle est bien ferme, garnissez-en les angel cakes. Parsemez de morceaux de spéculoos et servez.

ANGEL CAKES

CARAMEL AU BEURRE SALÉ

Pour 6 angel cakes individuels / 25 min de préparation / 25 min de cuisson

Ingrédients
40 g d'huile neutre (pépin de raisin)
1 cuil. à café d'extrait de vanille liquide
80 g de lait
80 g de farine
10 g de cacao en poudre
1 pincée de sel
1 cuil. à café de levure
1 pointe de colorant alimentaire en gel marron
6 blancs d'œufs
90 g de sucre semoule

Pour la chantilly
15 cl de crème fleurette
15 g de sucre glace
1 cuil. à café de caramel au beurre salé

Pour la décoration
4 cuil. à café de caramel au beurre salé

1. Préchauffez le four à 160 °C (th. 5-6). Mélangez l'huile, l'extrait de vanille et le lait, puis ajoutez la farine, le cacao, le sel et la levure et mélangez bien. Fouettez les blancs en neige en ajoutant le sucre en trois fois, jusqu'à ce qu'ils soient fermes mais pas trop. Ajoutez alors le colorant et fouettez encore jusqu'à ce qu'il soit bien réparti. Incorporez un quart des blancs montés au mélange précédent en remuant bien, puis ajoutez le reste très délicatement en suivant le conseil de l'étape 1 de la p. 102.

2. Versez la pâte dans des moules à cercler individuels déposés sur une plaque recouverte de papier sulfurisé. Enfournez pour 25 min de cuisson. Sortez les gâteaux du four et basculez-les sur le côté pour les faire refroidir. Creusez le milieu des angel cakes à l'aide d'un emporte-pièce.

3. Montez enfin la crème en chantilly avec le sucre glace et ajoutez petit à petit le caramel. Lorsqu'elle est bien ferme, mettez-la dans une poche à douille cannelée et garnissez les angel cakes à ras bord, puis recouvrez-les de caramel au beurre salé. Servez avec le reste de chantilly.

ANGEL CAKES

FAÇON BABA AU RHUM

Pour 6 angel cakes individuels / 25 min de préparation / 35 min de cuisson

Ingrédients
40 g d'huile neutre (pépin de raisin)
1 cuil. à café d'extrait de vanille
80 g de lait
80 g de farine
10 g de cacao en poudre
1 pincée de sel
1 cuil. à café de levure
6 blancs d'œufs
90 g de sucre semoule

Pour le sirop
1 orange bio ou non traitée
25 cl d'eau
100 g de sucre
5 cl de rhum ambré

Pour la chantilly
15 cl de crème fleurette
15 g de sucre glace
Les grains d'1 gousse de vanille

1. Préparez le sirop : lavez l'orange et râpez les zestes. Pressez-la pour récupérer le jus. Faites bouillir l'eau, le jus d'orange, le sucre et les zestes pour faire réduire un petit peu le sirop. Hors du feu, ajoutez le rhum et laissez reposer.

Préchauffez le four à 160 °C (th. 5-6). Mélangez l'huile, l'extrait de vanille et le lait, puis ajoutez la farine, le cacao, le sel et la levure et mélangez bien. Fouettez les blancs en neige en ajoutant le sucre en trois fois, jusqu'à ce qu'ils soient fermes mais pas trop. Incorporez un quart des blancs montés au mélange précédent en remuant bien, puis ajoutez le reste très délicatement en suivant le conseil de l'étape 1 de la p. 102.

2. Versez la pâte dans des moules à cercler individuels déposés sur une plaque recouverte de papier sulfurisé. Enfournez pour 25 min de cuisson. Sortez les gâteaux du four et basculez-les sur le côté pour les faire refroidir. Creusez le milieu des angel cakes à l'aide d'un emporte-pièce et badigeonnez-les de sirop au rhum.

3. Montez la crème en chantilly avec le sucre glace et les grains de vanille. Lorsqu'elle est bien ferme, mettez-la dans une poche à douille cannelée et garnissez-en les angel cakes. Décorez avec des fruits frais.

ANGEL CAKES

CITRON JAUNE
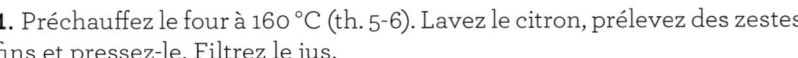

Pour 6 angel cakes individuels / 25 min de préparation / 25 min de cuisson

Ingrédients
1 citron non traité ou bio
40 g d'huile neutre
(pépin de raisin)
60 g de lait
90 g de farine
1 pincée de sel
1 cuil. à café de levure
6 blancs d'œufs
90 g de sucre semoule
1 pointe de colorant
alimentaire en gel jaune
3 cuil. à soupe
de lemon curd

Pour la chantilly
15 cl de crème fleurette
15 g de sucre glace

1. Préchauffez le four à 160 °C (th. 5-6). Lavez le citron, prélevez des zestes fins et pressez-le. Filtrez le jus.

2. Mélangez l'huile, le jus de citron et le lait, puis ajoutez la farine, le sel, la levure et les zestes de citron et mélangez bien. Fouettez les blancs en neige en ajoutant le sucre en trois fois, jusqu'à ce qu'ils soient fermes mais pas trop. Ajoutez alors le colorant et fouettez encore jusqu'à ce qu'il soit bien réparti. Incorporez un quart des blancs au mélange précédent en remuant bien, puis ajoutez le reste très délicatement en suivant le conseil de l'étape 1 de la p. 102.

3. Versez la pâte dans des moules à cercler individuels déposés sur une plaque recouverte de papier sulfurisé. Enfournez pour 25 min de cuisson. Sortez les gâteaux du four et basculez-les sur le côté pour les faire refroidir. Creusez le milieu des angel cakes à l'aide d'un emporte-pièce et garnissez-les d'une cuil. à café de lemon curd à l'aide d'une poche à douille lisse.

4. Montez enfin la crème en chantilly avec le sucre glace. Lorsqu'elle est bien ferme, mettez-la dans une poche à douille cannelée et garnissez-en les angel cakes. Servez le reste de chantilly à part.

ANGEL CAKES

BASILIC ET CITRON VERT

Pour 6 angel cakes individuels / 25 min de préparation / 25 min de cuisson

Ingrédients
1 citron vert non traité
40 g d'huile neutre
(pépin de raisin)
60 g de lait
90 g de farine
1 pincée de sel
1 cuil. à café de levure
6 blancs d'œufs
90 g de sucre semoule
1 pointe de colorant
alimentaire en gel vert

Pour la crème citron-basilic
1 citron vert
200 g de fromage frais
30 g de sucre
2 brins de basilic

Pour la chantilly
15 cl de crème fleurette
15 g de sucre glace

Pour la décoration
Quelques feuilles de basilic

1. Préchauffez le four à 160 °C (th. 5-6). Lavez le citron vert, prélevez son zeste et pressez-le. Filtrez le jus.

Mélangez l'huile, le jus de citron vert et le lait, puis ajoutez la farine, le sel, les zestes et la levure et mélangez bien. Fouettez les blancs en neige en ajoutant le sucre en trois fois, jusqu'à ce qu'ils soient fermes, mais pas trop. Ajoutez le colorant et fouettez encore. Incorporez un quart des blancs au mélange précédent en remuant bien, puis ajoutez le reste très délicatement en suivant le conseil de l'étape 1 de la p. 102.

2. Versez la pâte dans des moules à cercler individuels déposés sur une plaque recouverte de papier sulfurisé et enfournez pour 25 min de cuisson. Pendant ce temps, fouettez le fromage frais avec le sucre et le jus de citron vert jusqu'à ce que vous obteniez un mélange crémeux. Ajoutez alors le basilic ciselé très finement et mélangez.

3. Sortez les gâteaux du four et basculez-les sur le côté pour les faire refroidir. Creusez le milieu des angel cakes à l'aide d'un emporte-pièce et garnissez-les de crème citron-basilic avec une poche à douille lisse. Décorez le dessus des gâteaux avec cette même crème et déposez quelques feuilles de basilic.

4. Montez alors la crème en chantilly avec le sucre glace et servez-la avec les angel cakes.

ANGEL CAKES

AGRUMES

Pour 6 angel cakes individuels / 25 min de préparation / 25 min de cuisson

Ingrédients

½ orange non traitée ou bio
½ pamplemousse bio
40 g d'huile neutre
(pépin de raisin)
1 cuil. à café
d'extrait de vanille
60 g de lait
90 g de farine
1 pincée de sel
1 cuil. à café de levure
6 blancs d'œufs
90 g de sucre semoule
1 pointe de colorant
alimentaire en gel orangé

Pour la chantilly
15 cl de crème fleurette
15 g de sucre glace
1 cuil. à café jus de yuzu

1. Préchauffez le four à 160 °C (th. 5-6). Lavez le pamplemousse et prélevez ses zestes finement. Pressez l'orange et filtrez le jus.

2. Mélangez l'huile, l'extrait de vanille, le jus d'orange et le lait, puis ajoutez la farine, le sel, la levure et les zestes de pamplemousse et mélangez bien. Fouettez les blancs en neige en ajoutant le sucre en trois fois, jusqu'à ce qu'ils soient fermes mais pas trop. Ajoutez le colorant et fouettez encore jusqu'à ce qu'il soit bien réparti. Incorporez un quart des blancs montés au mélange précédent en remuant bien, puis ajoutez le reste très délicatement en suivant le conseil de l'étape 1 de la p. 102.

3. Versez la pâte dans des moules à cercler individuels déposés sur une plaque recouverte de papier sulfurisé. Enfournez pour 25 min de cuisson et baissez aussitôt le four à 150 °C (th. 5). Sortez les gâteaux du four et basculez-les sur le côté pour les faire refroidir. Creusez le milieu des angel cakes à l'aide d'un emporte-pièce.

4. Montez la crème en chantilly avec le sucre glace et le jus de yuzu. Lorsqu'elle est bien ferme, mettez-la dans une poche à douille cannelée et garnissez-en les angel cakes. Décorez de zestes d'orange et servez avec le reste de chantilly.

ANGEL CAKES

PISTACHE ET FRAMBOISE

Pour 6 angel cakes individuels / 25 min de préparation / 30 min de cuisson

Ingrédients
20 g de pistaches
40 g d'huile neutre
(pépin de raisin)
60 g de lait
70 g de farine
1 pincée de sel
1 cuil. à café de levure
6 blancs d'œufs
90 g de sucre semoule

Pour la compotée de framboises
200 g de framboises
20 g de sucre
1 feuille de gélatine

Pour la chantilly
15 cl de crème fleurette
15 g de sucre glace
1 pointe de colorant alimentaire en gel rose

Pour la décoration
120 g de framboises
20 cl de coulis de framboise
Quelques éclats de pistaches

Préchauffez le four à 160 °C (th. 5-6). Mixez finement les pistaches. Mélangez l'huile et le lait, puis ajoutez la farine, les pistaches, le sel et la levure et mélangez bien. Fouettez les blancs en neige en ajoutant le sucre en trois fois, jusqu'à ce qu'ils soient fermes mais pas trop. Incorporez un quart des blancs au mélange précédent en remuant bien, puis ajoutez le reste très délicatement en suivant le conseil de l'étape 1 de la p. 102.

1. Versez la pâte dans des moules à cercler individuels déposés sur une plaque recouverte de papier sulfurisé et enfournez pour 25 min de cuisson. Pendant ce temps, passez les framboises sous l'eau. Faites-les cuire dans une casserole avec le sucre jusqu'à ce qu'elles compotent. Mettez la feuille de gélatine dans un bol d'eau froide pendant 3 min, essorez-la puis ajoutez-la aux framboises hors du feu. Mélangez bien et réservez. Sortez les gâteaux du four et basculez-les sur le côté pour les faire refroidir.

2. Creusez le milieu à l'aide d'un emporte-pièce et garnissez-les d'1 cuil. à café de compotée de framboises. Montez la crème en chantilly avec le sucre glace et le colorant. Lorsqu'elle est bien ferme, étalez-en 1 cuillerée sur les angel cakes, puis déposez dessus les framboises à l'envers et garnissez-les de coulis. Décorez avec quelques éclats de pistaches et servez aussitôt avec le reste de chantilly à part.

ANGEL CAKES

FRAMBOISE

Pour 6 angel cakes individuels / 25 min de préparation / 30 min de cuisson

Ingrédients
40 g d'huile neutre
1 cuil. à café d'extrait de vanille
80 g de lait
90 g de farine
1 cuil. à café de levure
6 blancs d'œufs
90 g de sucre semoule
1 pointe de colorant alimentaire en gel rose
1 noisette de beurre

Pour la compotée de framboises
350 g de framboises
20 g de sucre
1 feuille de gélatine

Pour le glaçage
200 g de mascarpone
20 g de sucre glace
1 pointe de colorant alimentaire en gel rose

Pour la chantilly
15 cl de crème fleurette
15 g de sucre glace

1. Préchauffez le four à 160 °C (th. 5-6). Mélangez l'huile, l'extrait de vanille et le lait, puis ajoutez la farine, le sel et la levure et mélangez bien. Fouettez les blancs en neige en ajoutant le sucre en trois fois, jusqu'à ce qu'ils soient fermes, mais pas trop. Ajoutez alors le colorant et fouettez encore jusqu'à ce qu'il soit bien réparti. Incorporez un quart des blancs montés au mélange précédent en remuant bien, puis ajoutez le reste très délicatement en suivant le conseil de l'étape 1 de la p. 102.

2. Versez la pâte dans des moules à cercler individuels déposés sur une plaque recouverte de papier sulfurisé et enfournez pour 25 min de cuisson. Sortez les cakes du four et basculez-les sur le côté pour les faire refroidir.

3. Pendant ce temps, préparez la compotée de framboises ; mettez 200 g de framboises avec le sucre dans une petite casserole. Écrasez-les avec une fourchette, puis laissez cuire à feu doux jusqu'à ce qu'elles soient bien compotées. Faites tremper la gélatine 3 min dans un bol d'eau froide, puis ajoutez-la égouttée aux framboises hors du feu. Mélangez bien, puis laissez reposer.

4. Creusez le milieu des angel cakes à l'aide d'un emporte-pièce (ou d'un vide-pomme) et garnissez-les de compotée de framboises.

5. Pour le glaçage, fouettez ensemble le mascarpone, le colorant et le sucre, et étalez ce mélange sur les gâteaux en très fine couche. Décorez avec le reste de framboises. Montez enfin la crème en chantilly en ajoutant le sucre glace à la fin. Lorsqu'elle est bien ferme, servez-la avec les angel cakes.

ANGEL CAKES

ROSE ET LITCHI

Pour 6 angel cakes individuels / 25 min de préparation / 30 min de cuisson

Ingrédients
40 g d'huile neutre (pépin de raisin)
60 g de lait
90 g de farine
1 cuil. à café d'arôme de rose
1 pincée de sel
1 cuil. à café de levure
6 blancs d'œufs

Pour la compotée de litchis
12 g de litchis
20 g de sucre

Pour le glaçage
200 g de fromage frais
20 g de sucre glace
1 cuil. à café d'arôme de rose

Pour la chantilly
15 cl de crème fleurette
15 g de sucre glace

Pour la décoration
Quelques pétales de roses cristallisés

1. Préchauffez le four à 160 °C (th. 5-6). Mélangez l'huile et le lait, puis ajoutez la farine, l'arôme de rose, le sel et la levure et mélangez bien. Fouettez les blancs en neige en ajoutant le sucre en trois fois, jusqu'à ce qu'ils soient fermes mais pas trop. Incorporez un quart des blancs montés au mélange précédent en remuant bien, puis ajoutez le reste très délicatement en suivant le conseil de l'étape 1 de la p. 102.

2. Versez la pâte dans des moules à cercler individuels déposés sur une plaque recouverte de papier sulfurisé. Enfournez pour 25 min de cuisson. Sortez les gâteaux du four et basculez-les sur le côté pour les faire refroidir. Pendant ce temps, fouettez le fromage frais avec le sucre glace tamisé et l'arôme de rose. Réservez au frais.

3. Épluchez les litchis, dénoyautez-les et coupez la chair en petits morceaux. Faites-les chauffer dans une casserole avec le sucre jusqu'à ce qu'ils compotent. Ajoutez un peu d'eau si nécessaire. Vous pouvez mixer cette préparation ou la garder telle quelle. Creusez le milieu des angel cakes à l'aide d'un emporte-pièce et garnissez-les de compotée de litchis à l'aide d'une poche à douille lisse. Garnissez le dessus des gâteaux de crème à la rose préalablement fouettée pour l'assouplir, décorez avec les pétales cristallisés et réservez au frais.

4. Montez enfin la crème en chantilly avec le sucre glace. Lorsqu'elle est bien ferme, servez-la avec les angel cakes.

ANGEL CAKES

RÉGLISSE ET FRUITS ROUGES

Pour 6 angel cakes individuels / 25 min de préparation / 25 min de cuisson

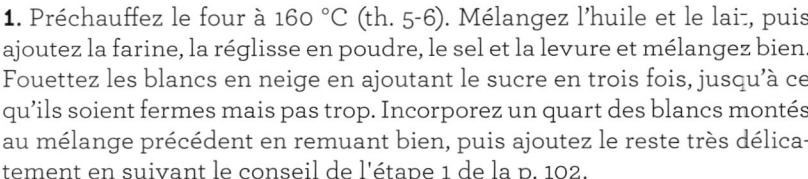

Ingrédients
40 g d'huile neutre (huile de pépins de raisin)
60 g de lait
90 g de farine
1 cuil. à café de réglisse en poudre
1 pincée de sel
1 cuil. à café de levure
6 blancs d'œufs
90 g de sucre semoule

Pour le coulis de fruits rouges
300 g de fruits rouges mélangés
30 g de sucre
10 cl d'eau

Pour la chantilly
15 cl de crème fleurette
15 g de sucre glace

Pour la décoration
100 g de fruits rouges mélangés

1. Préchauffez le four à 160 °C (th. 5-6). Mélangez l'huile et le lait, puis ajoutez la farine, la réglisse en poudre, le sel et la levure et mélangez bien. Fouettez les blancs en neige en ajoutant le sucre en trois fois, jusqu'à ce qu'ils soient fermes mais pas trop. Incorporez un quart des blancs montés au mélange précédent en remuant bien, puis ajoutez le reste très délicatement en suivant le conseil de l'étape 1 de la p. 102.

2. Versez la pâte dans des moules à cercler individuels déposés sur une plaque recouverte de papier sulfurisé et enfournez pour 25 min. Pendant ce temps, préparez le coulis de fruits rouges. Mixez ensemble l'eau, les fruits et le sucre. Ajoutez un peu d'eau si besoin selon la texture de coulis souhaitée. Sortez les angel cakes du four et basculez-les sur le côté pour les faire refroidir. Creusez le milieu des gâteaux à l'aide d'un emporte-pièce.

3. Montez enfin la crème en chantilly avec le sucre glace et garnissez les angel cakes. Décorez le dessus avec les fruits rouges et servez aussitôt avec le reste de chantilly et le coulis.

ANGEL CAKES

RHUBARBE ET FRAISE

Pour 6 angel cakes individuels / 25 min de préparation / 30 min de cuisson

Ingrédients
40 g d'huile neutre (pépin de raisin)
60 g de lait
90 g de farine
1 pincée de sel
1 cuil. à café de levure
6 blancs d'œufs
90 g de sucre semoule
1 pointe de colorant alimentaire en gel rouge

Pour la compotée fraises-rhubarbe
150 g de fraises
150 g de rhubarbe
30 g de sucre
1 feuille de gélatine

Pour la chantilly
15 cl de crème fleurette
15 g de sucre glace

1. Préchauffez le four à 160 °C (th. 5-6). Mélangez l'huile et le lait, puis ajoutez la farine, le sel et la levure et mélangez bien. Fouettez les blancs en neige en ajoutant le sucre en trois fois, jusqu'à ce qu'ils soient fermes mais pas trop. Ajoutez alors le colorant et fouettez encore jusqu'à ce qu'il soit bien réparti. Incorporez un quart des blancs montés au mélange précédent en remuant bien, puis ajoutez le reste très délicatement en suivant le conseil de l'étape 1 de la p. 102.

2. Versez la pâte dans des moules à cercler individuels déposés sur une plaque recouverte de papier sulfurisé et enfournez pour 25 min de cuisson.

3. Pendant ce temps, lavez les fraises. Réservez-en trois et équeutez le reste. Coupez-les en petits dés. Lavez la rhubarbe et coupez-la en petits morceaux. Faites cuire les fraises et la rhubarbe dans une casserole avec le sucre jusqu'à ce qu'elles compotent. Mettez la feuille de gélatine dans un bol d'eau froide pendant 3 min, essorez-la puis ajoutez-la à la compote hors du feu. Mélangez bien et réservez. Sortez les gâteaux du four et basculez-les sur le côté pour les faire refroidir. Creusez le milieu des angel cakes à l'aide d'un emporte-pièce et garnissez-les d'1 cuil. à café de compotée fraise-rhubarbe.

4. Montez enfin la crème en chantilly avec le sucre glace. Lorsqu'elle est bien ferme, déposez une belle cuillerée sur les angel cakes, décorez d'une demi-fraise et servez le reste de chantilly à part.

ANGEL CAKES

CERISE

Pour 6 angel cakes individuels / 25 min de préparation / 25 min de cuisson

Ingrédients
40 g d'huile neutre (pépin de raisin)
60 g de lait
90 g de farine
1 pincée sel
1 cuil. à café de levure
6 blancs d'œufs
90 g de sucre semoule
1 pointe de colorant alimentaire en gel rouge

Pour la compotée de cerises
300 g de cerises
30 g de sucre
1 feuille de gélatine

Pour la chantilly
15 cl de crème fleurette
15 g sucre glace

1. Préchauffez le four à 160 °C (th. 5-6). Mélangez l'huile et le lait, puis ajoutez la farine, le sel et la levure et mélangez bien. Fouettez les blancs en neige en ajoutant le sucre en trois fois, jusqu'à ce qu'ils soient fermes mais pas trop. Ajoutez alors le colorant et fouettez encore jusqu'à ce qu'il soit bien réparti. Incorporez un quart des blancs montés au mélange précédent en remuant bien, puis ajoutez le reste très délicatement en suivant le conseil de l'étape 1 de la p. 102.

2. Versez la pâte dans des moules à cercler individuels déposés sur une plaque recouverte de papier sulfurisé. Enfournez pour 25 min de cuisson.

3. Pendant ce temps, lavez les cerises, dénoyautez-les et coupez-les en deux. Réservez 6 demi-cerises, puis détaillez le reste en petits bouts. Faites-les cuire dans une casserole avec le sucre jusqu'à ce qu'elles compotent. Mettez la feuille de gélatine dans un bol d'eau froide pendant 3 min, essorez-la puis ajoutez-la aux cerises hors du feu. Mélangez bien et réservez. Sortez les gâteaux du four et basculez-les sur le côté pour les faire refroidir. Creusez le milieu des angel cakes à l'aide d'un emporte-pièce et garnissez-les d'1 cuil. à café de compotée de cerises.

4. Montez la crème en chantilly avec le sucre glace. Lorsqu'elle est bien ferme, déposez-en 1 cuillerée sur les angel cakes et décorez d'une demi-cerise.

ANGEL CAKES

GROSEILLE ET MERINGUE

Pour 6 angel cakes / 40 min de préparation / 32 min de cuisson

Ingrédients
40 g d'huile neutre (pépin de raisin)
60 g de lait
90 g de farine
1 pincée de sel
1 cuil. à café de levure
6 blancs d'œufs
90 g de sucre semoule
1 pointe de colorant alimentaire en gel rose

Pour la meringue italienne
2 blancs d'œufs
125 g de sucre semoule
3 cl d'eau

Pour la chantilly
15 cl de crème fleurette
15 g de sucre glace

Pour la décoration
100 g de groseilles

1. Préchauffez le four à 160 °C (th. 5-6). Mélangez l'huile et le lait, puis ajoutez la farine, le sel et la levure et mélangez bien. Fouettez les blancs en neige en ajoutant le sucre en trois fois, jusqu'à ce qu'ils soient fermes, mais pas trop. Incorporez un quart des blancs au mélange précédent en remuant bien, puis ajoutez le reste très délicatement en suivant le conseil de l'étape 1 de la p. 102.

2. Séparez la pâte en deux et colorez-en une partie en rose en ajoutant le colorant. Versez les pâtes en superposant les deux couleurs dans des moules à cercler individuels déposés sur une plaque recouverte de papier sulfurisé et enfournez pour 25 min de cuisson.

3. Pendant ce temps, préparez la meringue italienne. Montez les blancs en neige avec 25 g de sucre jusqu'à ce qu'ils soient bien fermes. Versez le reste de sucre dans une casserole avec l'eau et faites chauffer jusqu'à ce que le sirop atteigne 121 °C. Versez alors ce sirop sur la meringue tout en battant à vitesse réduite puis augmentez la vitesse pour quelques minutes. Sortez les gâteaux du four et basculez-les sur le côté pour les faire refroidir. Creusez le milieu des angel cakes à l'aide d'un emporte-pièce et garnissez-les de meringue italienne mélangée aux groseilles. Enrobez tout le gâteau de meringue, décorez avec quelques de groseilles et dorez avec un chalumeau.

4. Montez enfin la crème en chantilly avec le sucre glace et servez-la avec les angel cakes meringués.

ANGEL CAKES

LAYER ANGEL CAKE VANILLE ET AMANDES TORRÉFIÉES

Pour 6-8 personnes / 25 min de préparation / 45 min de cuisson

Ingrédients
20 g d'amandes non mondées
40 g d'huile neutre (pépin de raisin)
60 g lait
70 g de farine
1 pincée de sel
1 cuil. à café de levure
6 blancs d'œufs
90 g de sucre semoule

Pour la crème au beurre à la vanille
200 g de beurre pommade
100 g de mascarpone
100 g de sucre glace
1 gousse de vanille
2 cuil. à soupe de lait

Pour la chantilly
25 cl de crème fleurette
25 g de sucre glace
1 gousse de vanille

Pour la décoration
125 g d'amandes effilées

1. Préchauffez le four à 160 °C (th. 5-6). Mixez finement les amandes non mondées. Mélangez l'huile et le lait, puis ajoutez la farine, les amandes mixées, le sel et la levure et mélangez bien. Fouettez les blancs en neige en ajoutant le sucre en trois fois, jusqu'à ce qu'ils soient fermes, mais pas trop. Incorporez un quart des blancs montés au mélange précédent en remuant bien, puis ajoutez le reste très délicatement en suivant le conseil de l'étape 1 de la p. 102.

2. Versez la pâte dans un moule à angel cake de 17 cm de diamètre et enfournez pour 40 min de cuisson. Sortez l'angel cake du four et retournez-le pour le faire refroidir.

3. Pendant ce temps, préparez la crème à la vanille. Fouettez le beurre dans un bol, puis ajoutez-y petit à petit le mascarpone, le sucre glace et les grains de la gousse de vanille. Ajoutez le lait et fouettez encore. Réservez.

4. Faites torréfier les amandes effilées dans une poêle sans matière grasse. Lorsque le gâteau est froid, démoulez-le en passant une lame sur les bords externes et internes du moule, puis faites-le descendre doucement le long de la cheminée. Tartinez le gâteau d'une fine couche de crème à la vanille puis décorez-le d'amandes torréfiées sur tout le pourtour.

5. Montez la crème en chantilly avec le sucre glace et les grains de la gousse de vanille jusqu'à ce qu'elle soit bien ferme et servez avec le gâteau.

ANGEL CAKES

ANGEL CAKE GLACÉ AU CITRON

Pour 6-8 personnes / 25 min de préparation / 40 min de cuisson

Ingrédients
1 citron non traité
40 g d'huile neutre (pépin de raisin)
60 g de lait
90 g de farine
1 pincée de sel
1 cuil. à café de levure
6 blancs d'œufs
90 g de sucre semoule

Pour le glaçage au citron
100 g de sucre glace
Le jus d'1 citron non traité

Pour la chantilly
25 cl de crème fleurette
25 g de sucre glace

Pour la décoration
1 citron non traité

Préchauffez le four à 160 °C (th. 5-6). Lavez le citron, prélevez ses zestes et pressez-le. Mélangez l'huile, le jus de citron et le lait, puis ajoutez la farine, le sel, les zestes finement coupés et la levure et mélangez bien. Fouettez les blancs en neige en ajoutant le sucre en trois fois, jusqu'à ce qu'ils soient fermes, mais pas trop. Incorporez un quart des blancs montés au mélange précédent en remuant bien, puis ajoutez le reste très délicatement en suivant le conseil de l'étape 1 de la p. 102.

1. Versez la pâte dans un moule à angel cake de 17 cm de diamètre et enfournez pour 40 min de cuisson. Sortez l'angel cake du four et retournez-le pour le faire refroidir. Lorsque le gâteau est froid, démoulez-le en passant une lame sur les bords externes et internes du moule, puis faites-le descendre doucement le long de la cheminée.

2. Mélangez le sucre glace avec le jus de citron, délayez si besoin avec un peu d'eau et versez sur le gâteau. Coupez de fines tranches de citron et déposez-les sur le gâteau.

3. Montez la crème en chantilly avec le sucre glace jusqu'à ce qu'elle soit bien ferme et servez avec le gâteau.

ANGEL CAKES

MYRTILLE ET CRUMBLE NOISETTE

Pour 6-8 personnes / 35 minutes de préparation / 55 min de cuisson

Ingrédients
40 g d'huile neutre
60 g de lait
70 g de farine
20 g de poudre de noisettes
6 blancs d'œufs
90 g de sucre semoule
1 pincée de sel
1 cuil. à café de levure

Pour la crème au fromage frais
½ gousse de vanille
150 g de fromage frais
30 g de sucre semoule

Pour le crumble
60 g de farine
35 g de poudre de noisettes
30 g de sucre
40 g de beurre

Pour la chantilly
25 cl de crème fleurette
25 g de sucre glace
1 gousse de vanille

Pour la décoration
150 g de myrtilles

1. Préchauffez le four à 160 °C (th. 5-6). Mélangez l'huile et le lait, puis ajoutez la farine, la poudre de noisettes, le sel et la levure et mélangez bien. Fouettez les blancs en neige en ajoutant le sucre en trois fois, jusqu'à ce qu'ils soient fermes, mais pas trop. Incorporez un quart des blancs montés au mélange précédent en remuant bien, puis ajoutez le reste très délicatement en suivant le conseil de l'étape 1 de la p. 102.

2. Versez la pâte dans un moule de 17 cm de diamètre et enfournez pour 40 min de cuisson. Sortez l'angel cake du four et retournez-le pour le faire refroidir. Augmentez la température du four à 180 °C (th. 6).

3. Préparez le crumble à la noisette. Mélangez du bout des doigts tous les ingrédients jusqu'à ce qu'ils forment un sable humide. Déposez-le sur une plaque et enfournez pour 15 min de cuisson, jusqu'à ce que le crumble soit doré. Laissez refroidir à l'extérieur du four. Lorsque le gâteau est froid, démoulez-le en passant une lame sur les bords externes et internes du moule, puis faites-le descendre doucement le long de la cheminée.

4. Fouettez ensemble les grains de vanille, le fromage frais et le sucre jusqu'à ce que vous obteniez un mélange bien crémeux et tartinez-en le dessus de l'angel cake. Parsemez de crumble noisette froid et déposez les myrtilles dessus.

5. Montez enfin la crème en chantilly avec le sucre glace et les grains de vanille jusqu'à ce qu'elle soit bien ferme. Servez avec l'angel cake.

3. GÂTEAUX SURPRISE

GÂTEAUX SURPRISE

MUFFINS AU CŒUR CACHÉ

Pour 3 gros muffins / 30 min de préparation / 25 min + 20 min de cuisson

Ingrédients
100 g de beurre ramolli
100 g de sucre en poudre
1 œuf
100 g de farine
1 cuil. à café de levure chimique
3 cuil. à soupe de lait
3 gouttes d'extrait de vanille liquide
3 gouttes de colorant alimentaire rouge

1. Préchauffez le four à 180 °C (th. 6).

2. Dans un saladier, mélangez le beurre ramolli et le sucre en poudre, jusqu'à ce que le mélange devienne blanc et mousseux. Ajoutez ensuite l'œuf, la farine et la levure chimique. Ajoutez le lait et fouettez jusqu'à ce que la préparation soit bien lisse.

3. Versez deux tiers de la pâte dans un autre saladier et incorporez le colorant alimentaire rouge. Remuez jusqu'à ce que la pâte soit bien rose.

4. Dans le tiers de pâte restant, ajoutez l'extrait de vanille.

5. Répartissez la pâte rose dans 3 caissettes à muffins. Enfournez-les pour 25 min de cuisson. Une fois cuits, sortez les muffins roses du four et laissez-les totalement refroidir. Laissez le four allumé.

6. Découpez 1 cœur dans chaque muffin rose à l'aide d'un emporte-pièce en forme de cœur. Pour faciliter le travail, découpez le muffin en deux dans le sens de la longueur puis découpez 2 cœurs dans chaque muffin.

7. Remplissez jusqu'à la moitié 3 caissettes à muffins avec la pâte blanche, puis enfoncez le cœur (ou collez les 2 cœurs que vous aurez découpés) dans la pâte. Recouvrez avec le reste de pâte, de manière à recouvrir tout le cœur. Enfournez pour 20 min de cuisson.

CONSEILS

Notez bien le sens dans lequel vous avez disposé vos cœurs, sinon à la découpe vous verrez apparaître deux petites ailes à la place du cœur ! Vous pouvez faire un marquage sur les caissettes pour savoir comment trancher le muffin cuit. Parfois, les cœurs ont tendance à remonter vers le haut du moule. Poussez-les légèrement avec une spatule en cours de cuisson.

GÂTEAUX SURPRISE

MUFFINS À LA BANANE ET CŒUR AU NUTELLA®

Pour 8 muffins / 15 min de préparation / 20-25 min de cuisson

Ingrédients

3 œufs
100 g de sucre en poudre
70 g de beurre fondu
1 banane bien mûre
180 g de farine
1 cuil. à café de levure chimique
8 cuil. à café de Nutella®

1. Fouettez les jaunes d'oeufs avec le sucre en poudre jusqu'à ce que le mélange blanchisse. Ajoutez le beurre fondu.

2. Écrasez la banane à l'aide d'une fourchette et incorporez-la à la préparation.

3. Ajoutez la farine et la levure chimique. Fouettez la pâte jusqu'à ce qu'elle soit bien lisse.

4. Montez les blancs en neige et ajoutez-les à la préparation en remuant délicatement à l'aide d'une maryse.

5. Préchauffez le four à 180 °C (th. 6).

6. Répartissez la pâte dans les empreintes à muffins et déposez une petite cuillerée de Nutella® au centre de chaque muffin. Recouvrez avec un peu de pâte pour cacher le Nutella®.

7. Enfournez pour 20-25 min de cuisson, jusqu'à ce que les muffins soient bien gonflés et dorés. Laissez-les tiédir sur une grille avant de les déguster.

GÂTEAUX SURPRISE

MUFFINS CACHÉS AUX ORÉOS

Pour 8 muffins / 20 min de préparation / 20 min de cuisson

Ingrédients
1 œuf
80 g de sucre en poudre
100 g de chocolat
120 g de beurre
100 g de farine
5 cl de lait
1 cuil. à café de levure chimique
8 Oréos (petits ou grands selon vos caissettes à muffins)

1. Préchauffez le four à 180 °C (th. 6).

2. Dans un saladier, fouettez l'oeuf entier avec le sucre en poudre jusqu'à ce que le mélange blanchisse et double de volume.

3. Faites fondre le chocolat et le beurre dans une petite casserole. Lorsque le chocolat est fondu, versez-le sur le mélange précédent. Ajoutez la farine et la levure chimique. Ajoutez enfin le lait, et mélangez jusqu'à ce que la pâte soit bien lisse.

4. Déposez un Oréo au fond de chaque caissette à muffin et versez la pâte par-dessus, jusqu'au trois quarts.

5. Enfournez pour 20 min de cuisson, jusqu'à ce que les muffins soient bien gonflés. Laissez-les refroidir sur une grille avant de les déguster.

GÂTEAUX SURPRISE

GÂTEAU AUX CAKE POPS

Pour 1 gâteau pour 8-10 personnes / 35 min de préparation / 40 min + 30 min de cuisson

Ingrédients
2 yaourts (le pot de yaourt sert de mesure)
6 œufs
4 pots de sucre en poudre
1 pot d'huile
4 cuil. à soupe de lait
6 pots de farine
1 sachet de levure
1 pincée de sel
Colorant alimentaire rouge, bleu et vert

Pour le décor
Sucre glace

1. Préchauffez le four à 180 °C (th. 6).

2. Préparez l'équivalent de 2 pâtes de gâteaux au yaourt. Séparez les blancs d'œufs des jaunes. Dans un saladier, fouettez les jaunes d'œufs avec le sucre en poudre. Ajoutez le yaourt, l'huile et le lait. Ajoutez ensuite la farine et la levure chimique. Fouettez la préparation jusqu'à ce qu'elle soit bien lisse et homogène. Montez les blancs d'œufs en neige avec la pincée de sel, puis incorporez-les délicatement à la pâte. Versez la pâte dans un moule à cake beurré et fariné. Enfournez pour 40 min de cuisson. Pour vérifier la cuisson, plantez la lame d'un couteau dans le gâteau, elle doit ressortir sèche. Démoulez le gâteau et laissez-le refroidir sur une grille.

3. Répartissez un bon quart de la pâte dans 3 bols différents. Versez quelques gouttes de colorant alimentaire dans chaque bol : rouge, bleu et vert. Répartissez les pâtes colorées dans des empreintes à cake pops.

4. Enfournez pour 12-15 min de cuisson, selon la taille des cake pops. Lorsqu'ils sont cuits, laissez-les refroidir.

5. Déposez les cakes pops dans un moule rond de 26 cm de diamètre préalablement beurré et fariné. Versez le reste de la pâte dans le moule, sur les cake pops.

6. Enfournez pour 30-35 min de cuisson, jusqu'à ce que le gâteau soit bien cuit et doré.

GÂTEAUX SURPRISE

GÂTEAU AUX CŒURS CACHÉS

*Pour 1 gâteau rond de 24-26 cm de diamètre / 35 min de préparation /
40 min + 40 min de cuisson / 30 min de réfrigération*

Ingrédients

Pour le gâteau au yaourt
1 yaourt (le pot de yaourt sert de mesure)
3 œufs
2 pots de sucre en poudre
½ pot d'huile
2 cuil. à soupe de lait
3 pots de farine
½ sachet de levure
1 pincée de sel

Pour le gâteau au chocolat
3 œufs
200 g de chocolat
120 g de beurre
120 g de sucre
100 g de farine

1. Préchauffez le four à 180 °C (th. 6).

2. Préparez la pâte au chocolat : faites fondre le beurre et le chocolat coupé en morceaux dans une casserole à feu doux. Séparez les blancs d'œufs des jaunes. Dans un saladier, mélangez les jaunes d'œufs avec le sucre. Versez le chocolat fondu, puis la farine.

3. Montez les blancs en neige et incorporez-les délicatement à la préparation. Versez la pâte au chocolat dans un moule à cake beurré et fariné.

4. Enfournez pour 35-40 min de cuisson, jusqu'à ce que le gâteau soit bien gonflé. Pour vérifier la cuisson, plantez la lame d'un couteau dans la pâte : elle doit ressortir sèche.

5. Laissez refroidir le gâteau quelques minutes dans son moule avant de le démouler sur une grille. Laissez-le totalement refroidir, puis placez-le 30 min au réfrigérateur.

6. Préparez la pâte du gâteau au yaourt (voir p.148).

7. Coupez le gâteau au chocolat en tranches puis, à l'aide d'un emporte-pièce en forme de cœur, découpez le centre de chaque tranche et réservez.

8. Beurrez et farinez un moule rond de 24-26 cm de diamètre. Versez un petit peu de pâte de gâteau au yaourt dans le fond du moule. Déposez les cœurs en cercle dans le moule en les enfonçant

9. Enfournez le gâteau pour 35-40 min de cuisson, jusqu'à ce qu'il soit bien gonflé et doré.

10. Démoulez le gâteau et laissez-le refroidir sur une grille avant de servir.

GÂTEAUX SURPRISE

CAKE ÉTOILÉ AU CHOCOLAT

Pour 1 cake / 35 min de préparation / 40 min + 30 min de cuisson

Ingrédients

Pour le gâteau au yaourt
Voir recette p. 150

Pour la pâte à gâteau au chocolat
120 g de beurre
200 g de chocolat
3 œufs
120 g de sucre
100 g de farine

1. 1. Préchauffez le four à 180 °C (th. 6).

2. Préparez le gâteau au yaourt (voir p. 148) et versez-le dans un moule à cake.

3. Lorsque le gâteau est cuit, démoulez-le sur une grille et laissez-le complètement refroidir.

4. Préparez la pâte au chocolat : faites fondre le beurre et le chocolat coupé en morceaux dans une casserole à feu doux. Séparez les blancs d'œufs des jaunes. Dans un saladier, mélangez les jaunes d'œufs avec le sucre. Versez le chocolat fondu, puis la farine. Montez les blancs en neige et incorporez-les délicatement à la préparation.

5. Une fois le gâteau au yaourt refroidi, coupez-le en tranches et prélevez une étoile dans le centre de chaque tranche avec un emporte-pièce (en forme d'étoile bien sûr !).

6. Beurrez et farinez un moule à cake. Déposez les étoiles l'une contre l'autre dans toute la longueur du moule en les collant bien entre elles.

7. Versez la pâte au chocolat dans le moule à cake, sur les étoiles. La pâte doit les recouvrir totalement.

8. Enfournez pour 30 min de cuisson. Le gâteau doit être bien gonflé. Laissez-le refroidir dans le moule pendant 15 min avant de le démouler sur le plat de service.

CONSEILS

Vous pouvez préparer le gâteau au yaourt la veille. – Surveillez la cuisson : parfois, les étoiles ont tendance à remonter vers le haut du moule. Poussez-les légèrement avec une spatule en cours de cuisson.

GÂTEAUX SURPRISE

CAKE DE LA SAINT PATRICK

Pour 1 cake / 35 min de préparation / 40 min + 40 de cuisson / 30 min de réfrigération

Ingrédients

Pour le gâteau au yaourt vert
Voir recette p. 150
Quelques gouttes de colorant alimentaire vert
1 cuil. à soupe de pâte à la pistache

Pour le gâteau au yaourt
Voir recette p. 150

1. Préchauffez le four à 180 °C (th. 6).

2. Préparez le gâteau au yaourt vert qui va servir à faire les trèfles : suivez la recette p. 148, en ajoutant la pâte à la pistache en même temps que le yaourt. Quand les blancs sont incorporés à la pâte, ajoutez quelques gouttes de colorant alimentaire vert et mélangez. Versez la pâte dans un moule à cake beurré et fariné.

3. Enfournez pour 40 min de cuisson. Pour vérifier la cuisson, plantez la lame d'un couteau dans le gâteau : elle doit ressortir sèche.

4. Démoulez le gâteau et laissez-le totalement refroidir sur une grille. Lorsqu'il est froid, laissez-le reposer 30 min au réfrigérateur.

5. Préparez la pâte du deuxième gâteau au yaourt (voir p. 148).

6. Coupez le gâteau vert en tranches et détaillez un trèfle dans chaque tranche à l'aide d'un emporte-pièce en forme de trèfle.

7. Beurrez et farinez un moule à cake. Déposez les trèfles l'un contre l'autre dans toute la longueur du moule en les collants bien entre eux. Si vous avez du mal à les faire tenir droits, déposez d'abord un peu de pâte dans le fond du moule pour les faire tenir. Surveillez la cuisson : parfois, les trèfles ont tendance à remonter vers le haut du moule. Poussez-les légèrement avec une spatule en cours de cuisson.

8. Versez la pâte sur les trèfles dans le moule. La pâte doit bien recouvrir tous les trèfles.

9. Enfournez pour 35-40 min de cuisson, jusqu'à ce que le gâteau soit bien doré et gonflé.

10. Laissez-le refroidir sur une grille avant de servir.

GÂTEAUX SURPRISE

CAKE AUX CARRÉS

Pour 8 personnes / 40 min de préparation / 12 min + 40 min de cuisson

Ingrédients

Pour la génoise au chocolat
3 œufs
100 g de sucre en poudre
80 g de farine
25 g de cacao amer en poudre (type Van Houten)

Pour le gâteau au yaourt
Voir recette p. 150

Pour le décor
Glaçage au sucre ou au chocolat

1. Préchauffez le four à 180 °C (th. 6).

2. Préparez la génoise au chocolat : fouettez les œufs entiers avec le sucre en poudre jusqu'à ce que le mélange triple de volume. Ajoutez alors la farine tamisée et le cacao tamisé et mélangez délicatement à l'aide d'une spatule souple en silicone.

3. Versez la pâte en formant un rectangle sur une plaque de four recouverte de papier sulfurisé et enfournez pour 12 min de cuisson. Mettez à refroidir après la cuisson.

4. Lorsque la génoise est froide, coupez-la en 4 bandes.

5. Beurrez et farinez un moule à cake. Préparez la pâte du gâteau au yaourt (voir p. 148).

6. Versez un peu de pâte au fond du moule à cake. Déposez 2 bandes de génoise au chocolat par dessus. Recouvrez avec de la pâte et déposez à nouveau 2 bandes de génoise au chocolat. Terminez par mettre le reste de la pâte.

7. Enfournez pour 40 min de cuisson, jusqu'à ce que le gâteau soit bien gonflé et doré. Pour vérifier la cuisson : plantez la lame d'un couteau dans la pâte, elle doit ressortir sèche.

8. Laissez refroidir le cake sur une grille. Décorez le gâteau avec un glaçage au sucre ou chocolat.

ASTUCE

Si les bandes de génoise au chocolat remontent légèrement pendant la cuisson, poussez-les à l'aide d'une spatule.

GÂTEAUX SURPRISE

GÂTEAU AUX CONFETTIS

Pour 8 personnes / 30 min de préparation / 45 min de cuisson

Ingrédients
150 g de beurre mou
100 g de sucre en poudre
3 œufs
180 g de farine
½ sachet de levure chimique
5 cl de lait
1 cuil. à café de vanille liquide
100 g de vermicelles multicolores

Pour le glaçage
100 g sucre glace
2 cuil. soupe d'eau
50 de vermicelles multicolores

1. Préchauffez le four à 170 °C (th. 5-6).

2. Mélangez le beurre mou et le sucre en poudre jusqu'à l'obtention d'un mélange mousseux. Ajoutez les œufs un à un en remuant, puis la farine et la levure chimique. Ajoutez le lait et la vanille et fouettez jusqu'à ce que la pâte soit bien lisse. Pour finir, ajoutez les vermicelles multicolores dans la pâte et remuez rapidement. Versez la pâte dans un moule beurré et fariné de 24 cm de diamètre.

3. Enfournez pour 45 min de cuisson. Pour vérifier la cuisson, plantez la lame d'un couteau dans la pâte : elle doit ressortir sèche. Laissez le gâteau refroidir quelques minutes avant de le démouler sur une grille.

4. Lorsque le gâteau est froid, préparez le glaçage. Mélangez le sucre glace et l'eau dans un bol. Remuez jusqu'à ce que vous obteniez la consistance souhaitée. N'hésitez pas à ajouter un peu de sucre glace ou bien 1 goutte d'eau dans le bol.

5. Versez le glaçage sur le gâteau et lissez à l'aide d'une spatule. Saupoudrez de vermicelles multicolores et laissez durcir le glaçage à température ambiante avant de servir.

GÂTEAUX SURPRISE

GÂTEAU DAMIER

Pour 8 personnes / 50 min de préparation / 40 min de cuisson / 1 h de réfrigération

Ingrédients

2 œufs
130 g de sucre en poudre
130 g de beurre fondu
1 cuil. à café de vanille liquide
130 g de farine
½ sachet de levure chimique

Pour le gâteau au chocolat

2 œufs
130 g de sucre en poudre
130 g de beurre fondu
130 g de farine
½ sachet de levure chimique
30 g de cacao amer en poudre

Pour le glaçage et la décoration

400 g de pâte à tartiner chocolat-noisette
20 cl de crème liquide
200 g de chocolat noir
20 g de beurre

1. Préchauffez le four à 180 °C (th. 6). Fouettez les œufs entiers avec le sucre en poudre jusqu'à ce que le mélange devienne bien crémeux. Ajoutez le beurre fondu et la vanille liquide. Fouettez. Ajoutez la farine et la levure et mélangez. Versez la pâte dans un moule rond de 20 ou 22 cm de diamètre beurré et fariné. Enfournez pour 20 min de cuisson.

2. Pour le gâteau au chocolat : fouettez les œufs entiers avec le sucre en poudre jusqu'à ce que le mélange devienne crémeux. Ajoutez le beurre fondu et fouettez la préparation. Ajoutez la farine, le cacao et la levure, et mélangez. Versez la pâte dans le même moule rond. Enfournez pour 20 min de cuisson. Laissez tiédir les gâteaux à température ambiante, puis mettez-les au réfrigérateur pendant environ 1 h.

3. Découpez chaque gâteau en 3 cercles/disques à l'aide d'un grand bol puis d'un verre. Vous aurez donc 2 cercles et 1 petit disque. Utilisez le même matériel pour l'autre gâteau. Déposez le plus grand des cercles au chocolat sur un plat. Étalez-y une fine couche de pâte à tartiner. Déposez à l'intérieur le cercle moyen à la vanille, puis badigeonnez l'intérieur de pâte à tartiner. Terminez avec le petit disque au chocolat. Tartinez le dessus du gâteau reformé d'une fine couche de pâte à tartiner. Par-dessus le premier gâteau, déposez le grand cercle à la vanille. Badigeonnez-en l'intérieur de pâte à tartiner, puis déposez le cercle moyen de gâteau au chocolat. Tartinez-en à nouveau l'intérieur et terminez en déposant le petit disque à la vanille au centre.

4. Coupez le chocolat en morceaux. Portez la crème à ébullition et versez-la sur le chocolat. Laissez fondre et remuez jusqu'à obtenir une ganache lisse. Ajoutez le beurre coupé en morceaux. Laissez le glaçage refroidir à température ambiante, il va épaissir. Nappez le gâteau avec le glaçage.

GÂTEAUX SURPRISE

GÂTEAU ZÉBRÉ

Pour 8 personnes (un moule de 26-28 cm de diamètre) / 20 min de préparation / 40 min de cuisson

Ingrédients
4 œufs
150 g de sucre en poudre
180 g de beurre fondu
10 cl de lait
300 g de farine
1 sachet de levure chimique
1 cuil. à café de vanille liquide
1 sachet de sucre vanillé
3 cuil. à soupe
Cacao amer en poudre

1. Séparez les blancs d'œufs des jaunes. Fouettez les jaunes d'œufs avec le sucre en poudre, jusqu'à ce que le mélange blanchisse. Ajoutez ensuite le beurre fondu, le lait, la farine et la levure chimique, et mélangez bien.

2. Montez les blancs en neige et ajoutez-les délicatement à la préparation.

3. Répartissez la pâte dans deux saladiers : dans le premier ajoutez le sucre vanillé et la vanille liquide ; dans le second, incorporez le cacao en poudre. Mélangez délicatement chacune des pâtes.

4. Préchauffez le four à 180 °C (th. 6).

5. Beurrez et farinez un moule rond de 26-28 cm de diamètre. Versez la pâte cuillerée par cuillerée, bien au centre du moule, en alternant les couleurs jusqu'à épuisement des deux pâtes. Prenez des grosses cuillerées à chaque fois pour un plus joli résultat.

6. Enfournez le gâteau pour 40 min de cuisson, jusqu'à ce qu'il soit bien doré. Pour vérifier la cuisson, plantez la lame d'un couteau dans la pâte : elle doit ressortir sèche.

7. Démoulez le gâteau et laissez-le refroidir sur une grille avant de servir.

ASTUCE

Pour un bel effet de surprise au moment de la découpe, nappez le gâteau de glaçage au chocolat ou bien d'un glaçage au sucre glace : versez quelques gouttes d'eau dans 100 g de sucre glace et remuez.

GÂTEAUX SURPRISE

GÂTEAU ZÉBRÉ ARC-EN-CIEL

Pour 8 personnes (un moule de 26-28 cm de diamètre) / 25 min de préparation / 40 min de cuisson

Ingrédients
4 œufs
150 g de sucre en poudre
180 g de beurre fondu
10 cl de lait
300 g de farine
1 sachet de levure chimique
Colorants alimentaires :
violet, bleu, vert, jaune,
orange et rouge

Glaçage au chocolat
20 cl de crème liquide
200 g de chocolat noir
à 55% de cacao minimum
20 g de beurre

1. Séparez les blancs d'œufs des jaunes. Fouettez les jaunes d'œufs avec le sucre en poudre, jusqu'à ce que le mélange blanchisse. Ajoutez ensuite le beurre fondu, le lait, la farine et la levure chimique. Montez les blancs en neige et ajoutez-les délicatement à la préparation.

2. Répartissez équitablement la pâte dans 6 bols. Déposez une pointe de couteau de colorant alimentaire différent dans chaque bol : violet, bleu, vert, jaune, orange et rouge.

3. Préchauffez le four à 180 °C (th. 6).

4. Beurrez et farinez un moule rond de 26-28 cm de diamètre. Versez la pâte cuillerée par cuillerée, bien au centre du moule, en alternant les couleurs jusqu'à épuisement des pâtes. Prenez de grosses cuillerées à chaque fois pour un plus joli résultat. Pour un bel effet arc-en-ciel, respectez l'ordre suivant : violet, bleu, vert, jaune, orange et rouge.

5. Enfournez pour 40 min de cuisson, jusqu'à ce que le gâteau soit bien doré. Pour vérifier la cuisson, plantez la lame d'un couteau dans la pâte : elle doit ressortir sèche.

6. Démoulez le gâteau et laissez-le refroidir sur une grille.

7. Préparez le glaçage au chocolat. Couper le chocolat en petits morceaux. Portez la crème liquide à ébullition et versez-la sur le chocolat. Laissez fondre quelques minutes et remuez jusqu'à obtenir une ganache bien lisse. Ajoutez alors le beurre coupé en petits morceaux. Remuez jusqu'à ce que le glaçage soit bien brillant. Lorsque le gâteau est refroidi, nappez-le de glaçage au chocolat pour obtenir un bel effet de surprise au moment de la découpe !

GÂTEAUX SURPRISE

GÂTEAU AUX M&M'S CACHÉS

Pour 8 personnes / 50 min de préparation / 4 h de réfrigération / 40 min + 40 min de cuisson

Ingrédients

Pour les 2 gâteaux au yaourt
Voir recette p. 150
(Si vous avez deux moules à gâteau du même diamètre, réalisez une double dose et répartissez la pâte dans deux moules différents. Sinon, recommencez la préparation deux fois.)
500 g de M&M's

Pour la ganache montée au chocolat
200 g de chocolat
20 cl de crème liquide à 35 % minimum
20 g de beurre

1. Préparez la ganache : faites fondre le chocolat coupé en morceaux dans la crème liquide à petit feu. Lorsque le chocolat est fondu, ajoutez le beurre et remuez. Laissez refroidir la ganache au réfrigérateur pendant au moins 4 h.

2. Préchauffez le four à 180 °C (th. 6).

3. Préparez 2 gâteaux au yaourt (voir p. 148) et démoulez-les sur une grille.

4. Lorsque la ganache est bien froide, fouettez-la à l'aide d'un batteur électrique jusqu'à ce qu'elle s'éclaircisse et devienne mousseuse.

5. Déposez le premier gâteau sur une planche. À l'aide d'un petit couteau et d'une cuillère, creusez-en l'intérieur. Attention à ne pas laisser un bord trop fin et à ne pas faire de trou dans le fond du gâteau. Creusez de la même manière le deuxième gâteau. Remplissez le premier gâteau de M&M's. Étalez la ganache montée sur le rebord du gâteau, pour souder. Déposez le deuxième gâteau creusé au-dessus, puis badigeonnez tout le gâteau de ganache montée.

GÂTEAUX SURPRISE

DÔMES À LA MOUSSE AU CHOCOLAT ET CŒUR AU CARAMEL

Pour 4 dômes / 20 min de préparation / 2 h de congélation

Ingrédients
150 g de chocolat noir pâtissier à 55 % de cacao
5 cl de lait
2 œufs
4 cuil. à soupe de coulis de caramel au beurre salé

1. Faites fondre le chocolat noir avec le lait dans une casserole à petit feu. Lorsque le chocolat est fondu, retirez du feu. Remuez à l'aide d'une spatule et ajoutez les jaunes d'œufs (réservez les blancs). Mélangez.

2. Montez les blancs d'œufs en neige et incorporez-les délicatement à la préparation.

3. Répartissez la mousse au chocolat jusqu'à la moitié des demi-sphères en silicone. Déposez une cuillerée de coulis de caramel au centre et recouvrez de mousse au chocolat. Congelez les moules pendant 2 h.

4. Au bout de 2 h, démoulez les dômes immédiatement sur une assiette. Conservez au réfrigérateur jusqu'au moment de servir et décorez avec un filet de caramel.

ASTUCE
Congeler la mousse facilite le démoulage. Lorsque les petits dômes sont démoulés, ils tiennent bien sur l'assiette. Vous pouvez les conserver au réfrigérateur jusqu'au lendemain.

GÂTEAUX SURPRISE

DÔMES AU CITRON ET CŒUR COULIS DE FRAMBOISE

Pour 4 dômes / 30 min de préparation / 10 min de cuisson / 4 h de réfrigération

Ingrédients

Pour le lemon curd
- 2 œufs
- 70 g de sucre en poudre
- 5 cl de jus de citron (1 gros citron)
- Le zeste d'1 citron
- 40 g de beurre

Pour la mousse au lemon curd
- 2 feuilles de gélatine
- 60 g de lemon curd
- 10 cl de crème liquide (35 % minimum) froide

Pour les glaçons de coulis de framboise
- 20 cl d'eau
- 150 g de sucre en poudre
- 450 g de framboises
- 1 cuil. à soupe de jus de citron

1. Préparez les glaçons de coulis de framboises. Portez l'eau et le sucre à ébullition pendant 2 min. Versez le sirop sur les framboises ainsi que le jus de citron. Mixez le coulis de et passez-le dans une passoire fine afin d'ôter les pépins. Lorsque le coulis est refroidi, répartissez-le dans 6 bacs à glaçons. Congelez les glaçons à la framboises pendant au moins 4 h.

2. Préparez le lemon curd : dans un cul-de-poule, fouettez les œufs avec le sucre. Ajoutez ensuite le jus citron et le zeste.

3. Posez le cul-de-poule dans une casserole avec un peu d'eau et faites chauffer le mélange doucement au bain-marie. La préparation épaissit au bout d'une dizaine de minutes. Ajoutez alors le beurre coupé en petits morceaux et remuez bien. Versez ensuite le lemon curd ainsi obtenu dans un petit pot. Il se conserve très bien au frais, quelques jours.

4. Préparez la mousse : faites ramollir les feuilles de gélatine dans de l'eau froide pendant 10 min. Dans une petite casserole, faites chauffer le lemon curd et ajoutez-y la gélatine bien essorée. Remuez pendant 2 min et réservez.

5. Montez la crème liquide bien froide en chantilly, et incorporez délicatement le lemon curd refroidi. Mélangez à l'aide d'une maryse, jusqu'à l'obtention d'une belle mousse.

6. Versez la mousse dans des empreintes en silicone en forme de dôme. Enfoncez un glaçon à la framboise et lissez bien la mousse de manière à recouvrir totalement le glaçon.

7. Laissez prendre la mousse au réfrigérateur pendant environ 4 h. Démoulez délicatement sur une assiette au moment de servir et décorez d'un trait de coulis de framboise. Pour faciliter le démoulage, congelez les dômes de mousse au citron pendant 30 min avant de les servir.

4. RAINBOW CAKES

RAINBOW CAKES

RAINBOW CHEESECAKE

Pour 8 personnes / 20 min de préparation / 1 h 15 de cuisson / 12 h de repos

Ingrédients
200 g de biscuits (sablés bretons, spéculoos, petits-beurre)
60 g de beurre pommade

Pour la crème au fromage frais
1 gousse de vanille
5 œufs
200 g de sucre
500 g de cream cheese
20 cl de crème fraîche épaisse
Colorants alimentaires en gel (violet, bleu, vert, jaune, orange, rouge)

1. La veille, préparez le cheesecake. Préchauffez le four à 180 °C (th. 6). Concassez les biscuits ou mixez-les. Malaxez-les du bout des doigts avec le beurre. Tapissez le fond d'un moule amovible de papier sulfurisé et garnissez-le de la pâte de biscuit en appuyant bien. Enfournez pour 15 min puis baissez le four à 120 °C (th. 4).

2. Préparez la crème. Fendez la gousse de vanille en deux et prélevez les graines. Battez le cream cheese avec le sucre et les graines de vanille. Ajoutez les œufs un à un en battant entre chaque ajout, puis ajoutez la crème fraîche, fouettez bien. Répartissez cette préparation dans six bols et colorez chaque appareil avec une couleur différente. Mélangez bien pour uniformiser chaque couleur. Versez une à une les préparations sur la base biscuit refroidie et enfournez pour 1 h.

3. Laissez refroidir et mettez au réfrigérateur pour une nuit. Servez avec un coulis de fruits rouges ou de chocolat.

RAINBOW CAKES

RAINBOW CAKE

Pour 16 personnes / 30 min de préparation / 1 h 12 min de cuisson / 2 h 30 de repos

Ingrédients
5 œufs
350 g de sucre
220 g de beurre pommade
7 g de levure
430 g de farine
35 cl de lait entier
1 cuil. à café d'extrait de vanille
Colorants alimentaires en gel (violet, bleu, vert, jaune, orange, rouge)
250 g de mascarpone
500 g de cream cheese
200 g de sucre glace
1 cuil. à soupe d'extrait de vanille

1. Cassez les œufs et déposez-les dans un bol avec le sucre. Fouettez jusqu'à ce que le mélange blanchisse. Ajoutez le beurre pommade, fouettez encore pour obtenir une pâte homogène. Tamisez la levure et la farine ensemble, versez-les dans le bol et mélangez bien. Versez petit à petit le lait mélangé à l'extrait de vanille tout en remuant. Pesez la pâte, divisez le poids en six et répartissez-la dans six bols. Déposez une goutte de colorant différent dans chaque bol, mélangez bien pour obtenir une pâte d'une couleur homogène et vérifiez la couleur. Ajoutez du colorant si besoin et mélangez.

2. Préchauffez le four à 180 °C (th. 6). Beurrez votre moule de 20 cm de diamètre et versez une première pâte au centre du moule, répartissez-la uniformément dans tout le moule et lissez la surface. Enfournez la génoise pour 12 min, démoulez-la, retournez-la sur une grille pour qu'elle refroidisse et poursuivez la cuisson avec les autres pâtes. Lorsque toutes les génoises sont prêtes et refroidies (si besoin, coupez la partie supérieure des génoises pour qu'elles soient bien plates), préparez le glaçage. Battez le cream cheese et le mascarpone avec l'extrait de vanille puis ajoutez le sucre glace. Fouettez encore et réservez la moitié du glaçage.

3. Déposez la génoise violette sur un plat, étalez du glaçage sur toute la surface. Déposez la génoise bleue par-dessus, garnissez de glaçage et déposez la génoise verte. Poursuivez ainsi en superposant les génoises jaune, orange puis rouge. Lissez le glaçage sur le pourtour du gâteau et mettez au réfrigérateur pour 2 h.

4. Sortez le gâteau du réfrigérateur et couvrez-le avec le reste de glaçage à l'aide d'une spatule pour obtenir un glaçage bien lisse et mettez au frais pour 30 min avant de servir.

RAINBOW CAKES

RAINBOW CAKE MYRTILLE ET MÛRE

Pour 16 personnes / 30 min de préparation / 1 h 12 de cuisson / 2 h 30 de repos

Ingrédients
5 œufs
350 g de sucre
220 g de beurre pommade
7 g de levure
300 g de farine
130 g de poudre d'amandes
35 cl de lait entier
1 cuil. à café d'extrait de vanille
Colorant alimentaire en gel de couleur violette

Pour le glaçage
500 g de cream cheese
250 g de mascarpone
1 cuil. à soupe d'arôme de myrtille
200 g de sucre glace

Pour la décoration
125 g de mûres
125 g de myrtilles

1. Préparez la génoise comme indiqué p. 176, en ajoutant la poudre d'amandes en même temps que la farine.

2. Répartissez la pâte équitablement dans six bols et déposez de une à six gouttes de colorant dans chaque bol de manière à obtenir un dégradé. Mélangez bien chaque pâte pour obtenir une couleur homogène et vérifiez la couleur. Ajoutez du colorant si besoin et mélangez encore.

3. Préchauffez le four à 180 °C (th. 6). Beurrez un moule de 20 cm de diamètre et versez une première pâte au centre, répartissez-la uniformément et lissez la surface. Enfournez la génoise pour 12 min, démoulez-la, retournez-la sur une grille pour qu'elle refroidisse et poursuivez la cuisson avec les autres pâtes. Lorsque toutes les génoises sont prêtes et refroidies (si besoin, coupez la partie supérieure pour qu'elles soient bien plates), préparez le glaçage. Battez le cream cheese et le mascarpone avec l'arôme de myrtille et le sucre glace. Fouettez encore et réservez la moitié du glaçage.

4. Déposez la génoise violette la plus foncée sur un plat, étalez du glaçage sur toute la surface. Déposez la génoise un peu plus claire par-dessus, garnissez de glaçage et procédez de cette manière en respectant le dégradé de violet. Lissez le glaçage sur le pourtour du gâteau et mettez au frais 2 h. Couvrez l'ensemble du gâteau avec le reste de glaçage, déposez joliment les fruits frais et mettez au frais 30 min avant de servir.

RAINBOW CAKES

RAINBOW CAKE COCO ET CHOCOLAT BLANC

Pour 16 personnes / 30 min de préparation / 1 h 12 de cuisson / 2 h 30 de repos

Ingrédients
5 œufs
350 g de sucre
220 g de beurre pommade
7 g de levure
300 g de farine
130 g de poudre de noix de coco
35 cl de lait entier
1 cuil. à café d'extrait de vanille
Colorant alimentaire en gel de couleur bleue

Pour le glaçage
150 g de chocolat blanc
500 g de cream cheese
100 g de mascarpone
100 g de sucre glace

Pour la décoration
100 g de chocolat blanc

1. Préparez la génoise comme indiqué p. 176, en ajoutant la noix de coco en même temps que la farine. Répartissez la pâte équitablement dans six bols et déposez de une à six gouttes de colorant dans chaque bol de manière à obtenir un dégradé. Mélangez bien chaque pâte pour obtenir une couleur homogène et vérifiez la couleur. Ajoutez du colorant si besoin et mélangez encore.

2. Préchauffez le four à 180 °C (th. 6). Beurrez un moule carré de 20 cm de côté et versez une première pâte au centre du moule, répartissez-la uniformément dans tout le moule et lissez la surface. Enfournez la génoise pour 12 min, démoulez-la, retournez-la sur une grille pour qu'elle refroidisse et poursuivez la cuisson avec les autres pâtes. Lorsque toutes les génoises sont prêtes et refroidies (si besoin, coupez la partie supérieure des génoises pour qu'elles soient bien plates), préparez le glaçage. Faites fondre le chocolat blanc à feu doux. Battez le cream cheese, le mascarpone et le chocolat fondu tiédi puis ajoutez le sucre glace. Fouettez encore et réservez la moitié du glaçage.

3. Déposez la génoise bleue la plus foncée sur un plat, étalez du glaçage sur toute la surface. Déposez la génoise un peu plus claire par-dessus, garnissez de glaçage et continuez en respectant le dégradé.

4. Lissez le glaçage sur le pourtour du gâteau et mettez au frais 2 h. Pendant ce temps, faites des copeaux de chocolat blanc à l'aide d'un économe. Couvrez l'ensemble du gâteau avec le reste de glaçage, parsemez de copeaux de chocolat blanc et mettez au frais 30 min avant de servir.

RAINBOW CAKE CITRON VERT ET AMANDE

Pour 16 personnes / 30 min de préparation / 1 h 12 de cuisson / 2 h 30 de repos

Ingrédients
2 citrons verts

Pour la génoise
5 œufs
350 g de sucre
220 g de beurre pommade
7 g de levure
300 g de farine
130 g de poudre d'amandes
35 cl de lait entier
1 cuil. à café d'extrait d'amande
Colorant alimentaire en gel de couleur verte

Pour le glaçage
500 g de cream cheese
250 g de mascarpone
200 g de sucre glace

Pour la décoration
1 citron vert

1. Préparez la génoise. Lavez les citrons, prélevez les zestes et pressez-les. Fouettez les œufs et le sucre jusqu'à ce que le mélange blanchisse. Ajoutez le beurre pommade et les zestes de citron et fouettez encore pour obtenir une pâte homogène. Tamisez la levure et la farine, versez-les dans le bol avec la poudre d'amandes et mélangez bien. Versez petit à petit le lait mélangé à l'extrait d'amande.

2. Répartissez la pâte équitablement dans six bols et déposez de une à six gouttes de colorant dans chaque bol de manière à obtenir un dégradé. Mélangez bien chaque pâte pour obtenir une couleur homogène et vérifiez la couleur. Ajoutez du colorant si besoin et mélangez encore.

3. Préchauffez le four à 180 °C (th. 6). Beurrez un moule de 20 cm de diamètre et versez une première pâte au centre du moule. Lissez la surface. Enfournez la génoise pour 12 min, démoulez-la, retournez-la sur une grille et poursuivez la cuisson avec les autres pâtes. Lorsque toutes les génoises sont prêtes et refroidies, préparez le glaçage. Battez le cream cheese et le mascarpone avec le jus de citron vert et le sucre glace. Fouettez encore et réservez la moitié du glaçage.

4. Déposez la génoise verte la plus foncée sur un plat, étalez du glaçage sur toute la surface. Déposez la génoise un peu plus claire par-dessus, garnissez de glaçage et procédez de cette manière en respectant le dégradé.

5. Lissez le glaçage sur le pourtour du gâteau et mettez au 2 h. Couvrez l'ensemble du gâteau avec le reste de glaçage, coupez le citron vert en fines tranches, déposez-les joliment sur le dessus du gâteau et mettez au frais pour 30 min avant de servir.

RAINBOW CAKES

RAINBOW CAKE À LA ROSE

Pour 16 personnes / 30 min de préparation / 1 h 12 de cuisson / 12 h de repos

Ingrédients
5 œufs
350 g de sucre
220 g de beurre pommade
7 g de levure
430 g de farine
35 cl de lait entier
1 cuil. à café d'extrait de vanille
Colorant en gel de couleur rose

Pour le glaçage au beurre
300 g de beurre pommade
1 cuil. à soupe d'arôme de rose
6 cuil. à soupe de lait
400 g de sucre glace

Pour la décoration
10 pétales de roses fraîches comestibles
1 blanc d'œuf
2 cuil. à soupe de sucre cristal

1. La veille, préparez les pétales de rose cristallisés. Effeuillez les roses, lavez les pétales et séchez-les. À l'aide d'un pinceau, enduisez-les de blanc d'œuf puis de sucre cristallisé sur les deux faces. Laissez-les sécher à l'air libre pendant la nuit. Le jour même, préparez la génoise comme indiqué p. 176.

2. Répartissez la pâte équitablement dans six bols et déposez de une à six gouttes de colorant dans chaque bol de manière à obtenir un dégradé. Mélangez bien chaque pâte pour obtenir une couleur homogène et vérifiez la couleur. Ajoutez du colorant si besoin et mélangez encore. Préchauffez le four à 180 °C (th. 6). Beurrez un moule de 20 cm de diamètre et versez une première pâte au centre du moule, répartissez-la uniformément dans tout le moule et lissez la surface. Enfournez la génoise pour 12 min, démoulez-la, retournez-la sur une grille pour qu'elle refroidisse et poursuivez la cuisson avec les autres pâtes.

3. Lorsque toutes les génoises sont prêtes et refroidies (si besoin, coupez la partie supérieure des génoises pour qu'elles soient bien plates), préparez le glaçage. Battez le beurre avec l'arôme de rose et le lait, puis ajoutez le sucre glace. Fouettez encore et réservez la moitié du glaçage. Déposez la génoise rose la plus foncée sur un plat, étalez du glaçage sur toute la surface. Déposez la génoise un peu plus claire par-dessus, garnissez de glaçage et poursuivez ainsi en respectant le dégradé de rose.

4. Lissez le glaçage sur le pourtour du gâteau puis couvrez l'ensemble du gâteau avec le reste de glaçage. Déposez joliment les pétales de roses cristallisés sur le dessus du gâteau.

RAINBOW CAKES

RAINBOW CAKE FRAMBOISE ET CHOCOLAT

Pour 16 personnes / 30 min de préparation /1 h 12 de cuisson / 2 h de repos

Ingrédients
5 œufs
350 g de sucre
220 g de beurre pommade
7 g de levure
430 g de farine
35 cl de lait entier
1 cuil. à soupe d'arôme de framboise
Colorants alimentaires en gel rose et marron

Pour le glaçage
500 g de cream cheese
230 g de mascarpone
200 g de sucre glace
15 g de cacao

Pour la décoration
125 g de framboises
1 cuil. à soupe de cacao

1. Préparez la génoise comme indiqué p. 176, en remplaçant l'extrait de vanille par l'arôme de framboise. Répartissez la pâte équitablement dans six bols et réalisez un dégradé de rose avec trois pâtes et un dégradé de marron avec les trois autres pâtes. Mélangez bien pour obtenir une pâte d'une couleur homogène et vérifiez la couleur. Ajoutez du colorant si besoin et mélangez encore.

2. Préchauffez le four à 180 °C (th. 6). Beurrez un moule de 20 cm de diamètre et versez une première pâte au centre, répartissez-la uniformément dans tout le moule et lissez la surface. Enfournez la génoise pour 12 min, démoulez-la, retournez-la sur une grille pour qu'elle refroidisse et poursuivez la cuisson avec les autres pâtes. Lorsque toutes les génoises sont prêtes et refroidies (si besoin, coupez la partie supérieure des génoises pour qu'elles soient bien plates), préparez le glaçage. Battez le cream cheese et le mascarpone puis ajoutez le sucre glace et le cacao tamisés ensemble. Fouettez encore et réservez la moitié du glaçage.

3. Déposez la génoise marron la plus foncée sur un plat, étalez du glaçage sur toute la surface. Déposez la génoise marron plus claire par-dessus, garnissez de glaçage et continuez ainsi en respectant le dégradé de marron puis de rose. Lissez le glaçage sur le pourtour du gâteau puis laissez reposer au frais pendant 2 h. Couvrez l'ensemble du gâteau avec le glaçage, lissez bien la surface. Saupoudrez de cacao et déposez les framboises sur le dessus.

RAINBOW CAKES

RAINBOW CAKE AMANDE ET FLEUR D'ORANGER

Pour 16 personnes / 30 min de préparation / 1 h 12 de cuisson

Ingrédient
5 œufs
350 g de sucre
220 g de beurre pommade
7 g de levure
300 g de farine
130 g de poudre d'amandes
35 cl de lait entier
1 cuil. à café d'extrait d'amande
Colorant alimentaire en gel de couleur orange

Pour le glaçage au beurre
300 g de beurre pommade
1 cuil. à soupe d'eau de fleur d'oranger
6 cuil. à soupe de lait
400 g de sucre glace
Une pointe de colorant orange

Pour la décoration
Quelques fleurs fraîches comestibles orangée

1. Préparez la génoise comme indiqué p. 176, en ajoutant la poudre d'amandes avec la farine. Répartissez la pâte équitablement dans six bols et déposez de une à six gouttes de colorant dans chaque bol de manière à obtenir un dégradé. Mélangez bien chaque pâte pour obtenir une couleur homogène et vérifiez la couleur. Ajoutez du colorant si besoin et mélangez encore.

2. Préchauffez le four à 180 °C (th. 6). Beurrez un moule de 20 cm de diamètre et versez une première pâte au centre, répartissez-la uniformément et lissez la surface. Enfournez la génoise pour 12 min, démoulez-la, retournez-la sur une grille pour qu'elle refroidisse et poursuivez la cuisson avec les autres pâtes. Lorsque toutes les génoises sont prêtes et refroidies (si besoin, coupez la partie supérieure pour qu'elles soient bien plates), préparez le glaçage. Battez le beurre avec l'eau de fleur d'oranger et le lait, puis ajoutez le sucre glace et le colorant. Fouettez encore et réservez la moitié du glaçage.

3. Déposez la génoise orange la plus foncée sur un plat, étalez du glaçage sur toute la surface. Déposez la génoise un peu plus claire par-dessus, garnissez de glaçage et continuez en respectant le dégradé. Lissez le glaçage sur le pourtour du gâteau puis couvrez l'ensemble avec le reste de glaçage, déposez les fleurs sur le dessus et servez.

RAINBOW CAKES

RAINBOW CAKE CHOCOLAT ET PRALINÉ

Pour 16 personnes / 30 min de préparation / 1 h 12 + 15 min de cuisson / 2 h 30 de repos

Ingrédients
- 5 œufs
- 350 g de sucre
- 220 g de beurre pommade
- 5 g de cacao en poudre
- 7 g de levure
- 295 g de farine
- 130 g de poudre de noisettes
- 35 cl de lait entier
- 1 cuil. à café d'extrait de vanille
- Colorant alimentaire en gel de couleur marron

Pour le glaçage
- 230 g de mascarpone
- 500 g de cream cheese
- 200 g de sucre glace
- 15 g de cacao
- 20 g de pâte de praliné
- 30 g de noisettes
- 20 g de pralin
- 50 g de chocolat au lait

1. Préparez la génoise comme indiqué p. 176, en ajoutant la poudre de noisettes et le cacao en même temps que la farine. Répartissez la pâte équitablement dans six bols et déposez de une à six gouttes de colorant dans chaque bol de manière à obtenir un dégradé. Mélangez bien chaque pâte pour obtenir une couleur homogène et vérifiez la couleur. Ajoutez du colorant si besoin et mélangez encore.

2. Préchauffez le four à 180 °C (th. 6). Beurrez un moule de 20 cm de diamètre et versez une première pâte au centre du moule. Lissez la surface. Enfournez la génoise pour 12 min, démoulez-la, retournez-la sur une grille et poursuivez la cuisson avec les autres pâtes. Lorsque toutes les génoises sont prêtes et refroidies, préparez le glaçage. Battez le cream cheese, le mascarpone et le praliné puis ajoutez le sucre glace et le cacao tamisés ensemble. Fouettez encore et réservez la moitié du glaçage. Déposez la génoise marron la plus foncée sur un plat, étalez du glaçage sur toute la surface. Déposez la génoise un peu plus claire par-dessus, garnissez de glaçage et procédez de cette manière en respectant le dégradé de marron. Lissez le glaçage sur le pourtour du gâteau et mettez au frais 2 h.

3. Pendant ce temps, faites des copeaux de chocolat avec un économe. Préchauffez le four à 150 °C (th. 5) et faites torréfier les noisettes pendant 15 min. Couvrez l'ensemble du gâteau avec le reste de glaçage, puis déposez joliment les noisettes torréfiées et les copeaux de chocolat sur le dessus du gâteau, parsemez de pralin et mettez au frais pour 30 min avant de servir.

RAINBOW CAKES

PSYCHEDELIC RAINBOW CAKE

Pour 8 personnes / 20 min de préparation / 45 min de cuisson / 1 h de repos

Ingrédients
1 pot de yaourt nature entier
2 pots de sucre de canne
1 cuil. à soupe d'extrait de vanille
3 œufs
3 pots de farine
½ sachet de levure
1 pincée de sel
½ pot d'huile de tournesol (ou de beurre fondu)
Colorants en gel (violet, bleu, vert, jaune, orange, rouge)

Pour le glaçage
300 g de cream cheese
60 g de sucre glace
1 cuil. à café d'extrait de vanille

1. Préchauffez le four à 170 °C (th. 5-6). Versez le yaourt dans un cul de poule. Rincez le pot et séchez-le bien, il va vous servir pour mesurer les quantités d'ingrédients. Ajoutez deux pots de sucre au yaourt et l'extrait de vanille puis mélangez. Ajoutez ensuite les jaunes d'œufs, mélangez puis versez la farine, la levure et la pincée de sel. Fouettez et ajoutez l'huile.

2. Montez les blancs en neige et ajoutez-les délicatement à la préparation précédente. Divisez la pâte en six parts égales. Colorez chaque pâte avec une couleur différente et mélangez délicatement pour uniformiser chaque couleur. Beurrez et farinez un moule à cake. Versez-y la pâte violette pour qu'elle recouvre tout le fond du moule. Versez ensuite les autres pâtes colorées en respectant l'ordre suivant : violet, bleu, vert, jaune, orange et rouge. Mélangez légèrement les pâtes de manière à les marbrer. Enfournez pour 45 min. Vérifiez la cuisson du gâteau avec la pointe d'un couteau. Démoulez le gâteau et laissez-le refroidir sur une grille.

3. Pendant ce temps, fouettez le cream cheese avec le sucre et l'extrait de vanille et mettez au frais jusqu'à ce que le gâteau soit froid. Étalez le glaçage sur le dessus du cake et mettez au frais pour 1 h.

RAINBOW CAKES

GÂTEAU DES ANGES ARC-EN-CIEL

Pour 10 personnes / 25 min de préparation / 50 min de cuisson

Ingrédients
90 g de farine
30 g de fécule de maïs
240 g de sucre en poudre
1 gousse de vanille
360 g de blanc d'œufs
(environ 12 blancs)
1 pincée de sel
Colorants alimentaires en gel (violet, bleu, vert, jaune, orange, rouge)

1. Préchauffez le four à 190 °C (th. 6). Tamisez ensemble la farine, la fécule de maïs et 150 g de sucre. Ouvrez la gousse de vanille et prélevez les graines. Montez les blancs en neige avec la pincée de sel en ajoutant le reste de sucre mélangé aux graines de vanille en trois fois, jusqu'à ce qu'ils forment des pics. Incorporez petit à petit le mélange de farine aux blancs en neige à l'aide d'une maryse, en soulevant doucement les blancs. Répartissez la pâte dans six bols et colorez le contenu de chaque bol avec une couleur différente en mélangeant délicatement à l'aide d'une spatule pour éviter de faire retomber les blancs.

2. Versez l'appareil violet puis bleu, vert, jaune, orange et rouge dans un moule de type savarin assez haut et enfournez pour une cinquantaine de minutes. Lorsque le gâteau est cuit, sortez-le du four et retournez-le aussitôt, dans son moule, sur le goulot d'une bouteille. Laissez-le refroidir ainsi pour éviter qu'il ne s'affaisse.

3. Lorsqu'il est froid, passez la lame d'un couteau sur le pourtour du gâteau et démoulez-le. Servez-le accompagné de chantilly ou de coulis de fruits.

GÂTEAU ROULÉ MULTICOLORE

Pour 8 personnes / 20 min de préparation / 15 min de cuisson / 2 h de repos

Ingrédients
3 œufs
125 g de sucre
50 g de beurre
100 g de farine
25 g de poudre d'amandes
Colorants alimentaires en gel (violet, bleu, vert, jaune, orange, rouge)

Pour la crème
500 g de cream cheese
1 cuil. à café d'extrait de vanille
80 g de sucre glace

1. Préchauffez le four à 180 °C (th. 6). Préparez la génoise. Fouettez les œufs avec le sucre pendant 5 min. Ajoutez délicatement le beurre fondu refroidi, puis ajoutez la farine et la poudre d'amandes en les incorporant délicatement à la maryse. Divisez la pâte en six et colorez chacune d'entre elles avec les colorants. Mélangez bien pour que la couleur soit uniforme.

2. Répartissez les pâtes colorées sur une plaque recouverte de papier sulfurisé en réalisant des bandes de pâte dans la longueur de manière à obtenir un rectangle à 6 rayures colorées et enfournez pour 15 min. Lorsque la génoise est cuite, sortez-la du four, déposez aussitôt un torchon humide sur la génoise et roulez-la rapidement. Laissez-la refroidir. Fouettez le cream cheese avec l'extrait de vanille et le sucre glace. Placez au frais.

3. Lorsque la génoise est froide, déroulez-la et garnissez toute la surface de crème. Roulez à nouveau le gâteau et laissez reposer pendant 2 h avant de déguster.

5. GÂTEAUX DÉCORÉS

GÂTEAUX DÉCORÉS

BOUQUET DE COOKIES

Pour 12 fleurs / 1 h de préparation / 30 min de repos / 10 min de cuisson

Ingrédients
180 g de farine
80 g de sucre en poudre
120 g de beurre salé
à température ambiante
1 œuf

Pour la déco
1 blanc d'œuf
300 g de sucre glace
300 g de pâte à sucre
4 x 2 gouttes de colorants
alimentaires de couleurs
différentes

Matériel
2 ou 3 emporte-pièce
en forme de fleur
12 piques à brochette
en bois
Outils pour sculpter
et modeler la pâte à sucre

1. Dans un saladier, tamisez la farine. Ajoutez le sucre et le beurre coupé en petits cubes. Mélangez le tout avec les doigts, en les frottant, jusqu'à obtention d'une poudre sableuse. Formez un puits, ajoutez-y l'œuf, puis mélangez bien. Formez une boule et emballez-la dans du film alimentaire. Placez la boule de pâte au frais 30 min.

2. Préchauffez le four à 180 °C (th. 6). Étalez la pâte finement pour qu'elle ait une épaisseur de 1,5 cm. Découpez 12 sablés avec le même emporte-pièce en forme de fleur. Placez chaque sablé sur une pique en bois. Déposez-les sur une plaque à pâtisserie, recouverte d'une feuille de papier sulfurisé. Enfournez pour 10 min de cuisson. Les sablés doivent rester blonds, ils durciront en refroidissant.

3. Pour le glaçage, mélangez le sucre glace et le blanc d'œuf. Remplissez une poche à douille de cette préparation.

4. Divisez la pâte à sucre en quatre. Enfilez des gants en caoutchouc et malaxez chaque morceau de pâte à sucre avec le colorant de votre choix.

5. Saupoudrez le plan de travail de sucre glace et étalez les pâtes à sucre. À l'aide des emporte-pièce, faites des fleurs de tailles différentes. Sculptez-les et modelez-les avec des ustensiles adaptés. À l'aide de la poche à douille, déposez un peu de glaçage sur un sablé fleur, puis placez une fleur en pâte à sucre dessus. Décorez les fleurs en pâte à sucre de quelques gouttes de glaçage si nécessaire.

GÂTEAUX DÉCORÉS

PETITS-FOURS ROSES ET ROUGES

Pour 20 petits-fours / 1 h de préparation / 1 h de repos / 30 min de cuisson

Ingrédients
1 pot de yaourt
2 pots de farine
1 pot de poudre d'amandes
2 pots de cassonade
1 sachet de levure
2 œufs
1 pot de crème fraîche
Pour la garniture
150 g de fromage frais
Pour la déco
500 g de pâte à sucre
3 gouttes de colorant alimentaire rouge
3 gouttes de colorant alimentaire rose
1 blanc d'œuf
2 cuil. à soupe de vermicelles
Matériel
4 emporte-pièce

1. Préchauffez le four à 180 °C (th. 6). Versez le yaourt dans un bol et nettoyez le pot.

2. Dans un saladier, versez la farine, la poudre d'amandes, la cassonade et la levure. Creusez un puits et incorporez les œufs battus, le yaourt et la crème fraîche. Mélangez bien. Beurrez et farinez un moule à cake et remplissez-le de pâte. Enfournez pour 30 min de cuisson.

3. Faites refroidir le gâteau sur une grille pendant 1 h. Passez le gâteau au mixeur pour en faire des miettes fines et incorporez le fromage frais. Formez 20 palets de 4 cm de diamètre et de 2 cm de hauteur. Divisez la pâte à sucre en trois. Malaxez le premier tiers avec le colorant rouge, le deuxième avec le colorant rose et laissez le troisième nature.

4. Saupoudrez le plan de travail de sucre glace et étalez les pâtes à sucre au rouleau. À l'emporte-pièce, réalisez 20 ronds en variant les couleurs. Recouvrez chaque palet d'un disque de pâte à sucre.

5. À l'aide d'un pinceau, badigeonnez la tranche des bouchées de blanc d'œuf, puis roulez-les dans les vermicelles transparents. Utilisez des emporte-pièce et les restes de pâte à sucre pour faire des cœurs, des étoiles et des fleurs. Fixez-les avec un peu de blanc d'œuf sur les bouchées.

GÂTEAUX DÉCORÉS

CUPCAKES SMILEY

Pour 8 cupcakes / 1 h de préparation / 30 min de repos / 20 min de cuisson

Ingrédients
200 g de farine
50 g de cassonade
15 cl de lait
1 sachet de levure
1 sachet de sucre vanillé
1 œuf
50 g de beurre

Pour la déco
200 g de pâte à sucre
2 gouttes de colorant alimentaire noir
3 gouttes de colorant alimentaire jaune
Un peu de sucre glace
1 blanc d'œuf

Matériel
8 caissettes en papier
Emporte-pièce rond de 7 cm de diamètre

1. Préchauffez le four à 180 °C (th. 6).

2. Dans un saladier, mélangez bien tous les ingrédients pour la base des cupcakes. Répartissez la pâte dans les caissettes en papier et déposez-les sur une plaque à pâtisserie. Enfournez pour 20 min de cuisson.

3. Laissez-les refroidir sur une grille pendant 30 min. Coupez la partie gonflée des cupcakes pour les rendre bien plats.

4. Colorez 50 g de pâte à sucre en noir. Teintez les 150 g restants en jaune.

5. Saupoudrez le plan de travail de sucre glace et étalez les pâtes à sucre au rouleau à pâtisserie. À l'aide de l'emporte-pièce, découpez 8 disques jaunes et déposez-les sur les cupcakes.

6. Découpez des yeux et des bouches dans la pâte à sucre noire. Créez un smiley sur chaque cupcake, selon votre humeur ! Fixez les bouches et les yeux en passant un peu de blanc d'œuf au pinceau.

GÂTEAUX DÉCORÉS

LE CUPCAKE GÉANT À LA VANILLE

Pour 12 personnes / 40 min de préparation / 40 min de cuisson / 2 h de repos

Ingrédients
8 œufs
500 g de beurre salé tempéré
+ 20 g pour le moule
500 g de sucre
+ 20 g pour le moule
2 sachets de sucre vanillé
500 g de farine
1 sachet de levure chimique

La garniture et la décoration
100 g de confiture de fraises
100 g de beurre (à température ambiante)
250 g de mascarpone
300 g de sucre glace
Des vermicelles colorés (cœurs...)

Matériel
1 moule à cupcake géant ou 2 moules à charlottes
Poche à douille
+ douille cannelée
Batteur électrique

1. Préchauffez le four à 180 °C (th. 6). Beurrez et sucrez les moules. Réservez-les au réfrigérateur.

2. Mélangez le beurre avec les sucres au batteur. Cassez les œufs en séparant les blancs des jaunes. Incorporez les jaunes d'œufs un à un. Dans un saladier, mélangez la farine et la levure puis ajoutez-les à la pâte. Mélangez bien. Montez les blancs en neige et incorporez-les délicatement à la préparation.

3. Remplissez les moules et enfournez pour 40 min. Démoulez immédiatement et laissez refroidir.

4. Avec une cuillère, évidez la base du cupcake de façon à faire un trou de 6 cm de diamètre et de 4 cm de profondeur environ. Versez la confiture dans le trou. Déposez le couvercle du cupcake sur la base.

5. Dans une jatte, fouettez le beurre au batteur électrique environ 5 min, jusqu'à l'obtention d'une consistance crémeuse, puis ajoutez le mascarpone et enfin le sucre glace. Insérez ce mélange dans la poche à douille et décorez le chapeau du cupcake ; parsemez enfin de vermicelles. Laissez reposer avant de servir.

GÂTEAUX DÉCORÉS

CHÂTEAU DE PRINCESSE

Pour 12 enfants / 1 h de préparation / 30 min de repos / 40 min de cuisson

Ingrédients
16 œufs
1 kg de beurre + 40 g pour les moules
1 kg de sucre en poudre + 20 g pour les moules
4 sachets de sucre vanillé
1 kg de farine
2 sachets de levure
250 g de mascarpone
200 g de sucre glace

Pour la finition
600 g de pâte à sucre
3 gouttes de colorant alimentaire rose
3 petits cônes à glace
Sucre glace

Matériel
2 moules ronds
Batteur électrique
2 emporte-pièce ronds

1. Préchauffez le four à 180 °C (th. 6). Cassez les œufs en séparant les blancs des jaunes. Beurrez et sucrez les moules. Réservez-les au réfrigérateur.

2. Faites fondre le beurre, puis mélangez-le avec les sucres au batteur. Incorporez les jaunes d'œufs un à un. Dans un saladier, mélangez la farine et la levure, puis ajoutez-les à la pâte. Mélangez bien le tout. Montez les blancs en neige et incorporez-les délicatement à la préparation. Remplissez les 2 moules de pâte et enfournez-les pour 40 minutes. Démoulez immédiatement et laissez refroidir.

3. Coupez 1 des 2 gâteaux avec l'emporte-pièce rond. Empilez les ronds de gâteau sur l'autre gâteau, pour former les 3 tours du château. Mélangez le mascarpone avec le sucre glace. Nappez le château d'une couche de mascarpone sucré.

4. Colorez un tiers de la pâte à sucre en la malaxant avec le colorant rose (attention : mettez des gants pour ne pas avoir les mains rouges !).

5. Saupoudrez le plan de travail de sucre glace et étalez le reste de la pâte à sucre. Recouvrez-en le gâteau. Habillez le château de portes et de fenêtres en pâte à sucre rose. Déposez les cônes à glace sur le dessus des tours et saupoudrez de sucre glace.

GÂTEAUX DÉCORÉS

LA MAISON EN PAIN D'ÉPICE

Pour 15 personnes / 3 h de préparation / 40 min + 40 min de cuisson / 1 h + 1 h de repos

Ingrédients
16 œufs
1 kg de beurre salé tempéré
+ 40 g pour les moules
1 kg de sucre
+ 20 g pour les moules
4 sachets de sucre vanillé
1 kg de farine
2 sachets de levure chimique

La garniture et glaçage
250 g de pâte de spéculoos
4 crêpes
2 blancs d'œufs
500 g de sucre glace
12 tranches de pain d'épice
2 boîtes de langues de chat
2 barres de Toblerone
2 plaques de chocolat blanc
Bonbon fil
Sucettes

Matériel
2 moules rectangulaires
Batteur électrique

1. Préchauffez le four à 180 °C (th. 6). Réalisez 2 gâteaux; cassez les œufs en séparant les blancs des jaunes. Beurrez et sucrez les moules. Réservez-les au réfrigérateur.

2. Mélanger le beurre avec les sucres au batteur. Incorporez les jaunes d'œufs un à un. Dans un saladier, mélangez la farine et la levure et ajoutez-les à la pâte. Mélangez bien. Montez les blancs en neige et incorporez-les délicatement à la préparation.

3. Remplissez les moules et enfournez pour 40 min. Démoulez immédiatement et laissez refroidir 1 h. Procédez en une ou deux fois selon la taille de votre four.

4. Coupez 2 bandes de taille égale dans chaque gâteau. Tartinez chaque rectangle de pâte de spéculos et empilez-les. Déposez les 2 morceaux de gâteau au sommet et taillez de façon à faire un toit à double pente.

5. Sur un grand plateau, étalez les crêpes et déposez le gâteau dessus. Réalisez le glaçage royal, celui-ci servira à coller tous les éléments de la maison : battez les blancs d'œufs et incorporez le sucre glace.

6. Pour le montage de la maison, référez-vous au pas à pas des pages suivantes.

GÂTEAUX DÉCORÉS

PAS À PAS

1. Taillez les gâteaux avec un couteau à pain pour former une maison.

2. Coupez les tranches de pain d'épice en quatre. Collez-les à la base de la maison pour faire les briques.

3. Servez-vous des langues de chat pour faire les tuiles, que vous poserez en quinconce, en commençant par le bas du toit.

4. Fixez les barres de Toblerone au sommet du toit. Collez les volets en chocolat blanc. Réalisez un rideau de porte avec les fils en bonbon et plantez des arbres sucettes autour de la maison.

GÂTEAUX DÉCORÉS

LE GÂTEAU FANTÔME

Pour 10 personnes / 30 min de préparation / 10 min de cuisson / 2 h de réfrigération

Ingrédients
300 g de marshmallows blancs
100 g de beurre
300 g de riz soufflé

Pour la garniture et la déco
250 g de pâte d'amandes ou de pâte à sucre blanche
20 g de sucre glace
2 rouleaux de réglisse

Matériel
Saladier en pyrex de 18 cm de diamètre
1 ballon de baudruche

1. Dans une casserole, faites fondre les marshmallows avec le beurre à feu doux (voir pas à pas des pages suivantes). Hors du feu, ajoutez le riz soufflé puis versez cette préparation dans le saladier. Faites prendre au réfrigérateur pendant 2 h.

2. Saupoudrez le plan de travail de sucre glace et étalez la pâte d'amandes. Coupez-en un petit morceau et travaillez-le de façon à former la chaîne du fantôme.

3. Sortez le saladier du réfrigérateur et trempez le fond dans de l'eau chaude pour faciliter le démoulage. Retournez le saladier sur un plat.

4. Recouvrez le gâteau de pâte d'amandes en prenant soin de recréer les plis du drap. Déroulez un peu de réglisse pour créer une bouche. Collez les 2 rouleaux sur le fantôme pour recréer les yeux et le fil de la réglisse pour faire la bouche. Installez la chaîne et accrochez le ballon gonflé.

GÂTEAUX DÉCORÉS

PAS À PAS

1. Dans une casserole, faites fondre les marshmallows et le beurre. Hors du feu, ajoutez le riz soufflé.

2. Versez cette préparation dans un saladier et réservez au réfrigérateur pendant 2 h.

3. Démoulez le gâteau en trempant le fond du saladier dans de l'eau chaude. Étalez la pâte d'amandes (ou la pâte à sucre) sur un plan de travail légèrement saupoudré de sucre glace. Réalisez les yeux et la bouche avec les rouleaux de réglisse.

GÂTEAUX DÉCORÉS

LA PRINCESSE BLEUE

Pour 10 personnes / 1 h de préparation / 30 min de cuisson / 30 min de repos

Ingrédients
250 g de mascarpone
250 g de beurre
300 g de sucre
4 œufs
1 sachet de sucre vanillé
280 g de farine
50 g de Maïzena
1 sachet de levure chimique

La garniture et la déco
200 g de lemon curd
100 g de beurre
200 g de sucre glace
2 cuil. à soupe de lait
300 g de pâte d'amandes
4 gouttes de colorant bleu
Vermicelles colorés

Matériel
Moule spécial robe de poupée avec le corps de la poupée (ou 1 saladier et 1 Barbie)
Batteur électrique
Gants en caoutchouc

1. Préchauffez le four à 180 °C (th. 6). Beurrez et farinez le moule puis réservez-le au réfrigérateur. Au batteur électrique, mélangez le mascarpone et le beurre jusqu'à l'obtention d'un mélange bien homogène. En continuant à battre, ajoutez le sucre puis les œufs un à un. Dans un saladier, mélangez la farine, la Maïzena et la levure. Incorporez ce mélange et versez la pâte dans le moule.

2. Enfournez pour 30 min. Démoulez et laissez refroidir 30 min sur une grille.

3. Coupez le gâteau en deux et garnissez de lemon curd. Reconstituez le gâteau.

4. Au batteur, fouettez le beurre pendant au moins 5 min, jusqu'à l'obtention d'une consistance crémeuse puis ajoutez le lait et le sucre glace. Nappez le gâteau de ce mélange.

5. Mettez les gants en caoutchouc. Colorez les deux tiers de la pâte d'amandes en bleu en la malaxant bien. Pour le montage, référez-vous au pas à pas des pages suivantes.

GÂTEAUX DÉCORÉS

PAS À PAS

1. Nappez le gâteau de crème au mascarpone.

2. Saupoudrez le plan de travail de sucre glace et étalez la pâte d'amandes colorée. Recouvrez le gâteau de pâte d'amandes bleue en prenant soin de faire des volants. Réalisez le haut de la robe en l'appliquant sur le corps de la poupée. Piquez le corps de la poupée au sommet du gâteau.

3. Créez des rubans, des bordures, des nœuds, des accessoires avec la pâte d'amandes neutre. Décorez avec des vermicelles colorés.

Découvrez tous les titres de la collection !

- 100 RECETTES d'Italie
- 100 RECETTES made in USA
- 100 RECETTES végétariennes
- 100 RECETTES pour l'apéro
- 100 RECETTES de gâteaux
- 100 RECETTES pour ce soir
- 100 RECETTES autour du monde
- 100 RECETTES inratables
- 100 RECETTES de verrines

5,95 €

100 RECETTES

100 listes
de courses
à flasher

Crédits des recettes :
Stéphanie de Turckheim : p. 26, 28, 34, 42, 46, 48, 56, 58, 62, 70, 74, 76, 80, 90, 98 ; Aurélie Desgages : p. 8, 10, 12, 14, 16, 18, 20, 22, 24, 30, 32, 36, 38, 40, 44, 50, 52, 54, 60, 64, 66, 68, 72, 78, 82, 84, 86, 88, 92, 94, 96 ; Coralie Ferreira : p. 102, 104, 106, 112, 114, 118, 120, 122, 124, 126, 128, 130, 132, 134, 136, 138, 174, 176, 178, 180, 182, 184, 186, 188, 190, 192, 194, 196 ; Eva Harlé : p. 142, 144, 146, 148, 150, 152, 154, 156, 158, 162, 164, 166, 168, 170 ; Catherine Moreau : p. 160, 200, 202, 204, 206, 208, 210, 212, 214, 218.

Crédits des photographies :
© Stéphane Bahic : p. 27, 29, 35, 43, 47, 49, 57, 59, 63, 71, 75, 77, 81, 91, 99, 143, 145, 147, 149, 151, 153, 155, 157, 159, 163, 165, 167, 169 ; © Régis Baudonnet : p. 175, 177, 179, 181, 183, 185, 187, 189, 191, 193, 195, 197 ; © Aimery Chemin : p. 103, 105, 107, 113, 115, 119, 121, 123, 125, 127, 129, 131, 133, 135, 137, 139 ; © Aline Princet : p. 9, 11, 13, 15, 17, 19, 21, 23, 25, 31, 33, 37, 39, 41, 45, 51, 53, 55, 61, 65, 67, 69, 73, 79, 83, 85, 87, 89, 93, 95, 97 ; © Amélie Roche : p. 207, 211, 213, 215, 217, 219, 221 ; © Philippe Vaurès-Santamaria : p. 161, 201, 203, 205, 209 ;

Direction : Catherine Saunier-Talec
Responsable éditoriale : Céline Le Lamer
Éditrice : Alice Dauphin
Responsable artistique : Antoine Béon
Conception graphique et couverture : Pauline Ricco
Fabrication : Amélie Latsch
Partenariats : Sophie Morier (smorier@hachette-livre.fr)

©2015, Hachette Livre (Hachette Pratique), Paris
Dépôt légal : Mars 2015
72-6676-9/01
ISBN : 978-2-01-396389-3
Achevé d'imprimer par Macrolibros en Espagne.

« Tous droits de traduction, d'adaptation et de reproduction totale ou partielle, pour quelque usage, par quelque moyen que ce soit, réservés pour tous pays. »

Pour l'éditeur, le principe est d'utiliser des papiers composés de fibres naturelles, renouvelables, recyclables et fabriqués à partir de bois issus de forêts qui adoptent un système d'aménagement durable. En outre, l'éditeur attend de ses fournisseurs de papier qu'ils s'inscrivent dans une démarche de certification environnementale reconnue.

Retrouvez-nous sur notre page Facebook et devenez fan d'Hachette Cuisine

PAPIER À BASE DE FIBRES CERTIFIÉES
hachette s'engage pour l'environnement en réduisant l'empreinte carbone de ses livres. Celle de cet exemplaire est de : 1,11 kg éq. CO_2
Rendez-vous sur www.hachette-durable.fr